DR. OETKER

PARTY BRATEN

RUNDER SCHICHTBRATEN,
CALZONEBRATEN, FILETDUO...

DR. OETKER

PARTY BRATEN

RUNDER SCHICHTBRATEN,
CALZONEBRATEN, FILETDUO...

Dr. Oetker Verlag

Vorwort

Auf einer Party ist ein Braten genau das Richtige, wenn Sie eine Schar hungriger Gäste erwarten. Dann werden viele Leute nicht genug bekommen können und gemeinsam in Erinnerungen an Mutters Sonntagsbraten schwelgen.

Neben beliebten Klassikern wie Sauerbraten, Tafelspitz und Krustenbraten finden Sie hier neue, pfiffige und kreative Rezepte. So haben Calzonebraten, Bäckerbraten, Filetduo, Schichtbraten & Co. die besten Chancen, die Renner auf Ihrer nächsten Feier werden.

Die zahlreichen Beilagenempfehlungen ergänzen die Rezepte und erleichtern Ihnen die Partyplanung.

Abkürzungen

EL	= Esslöffel
TL	= Teelöffel
Msp.	= Messerspitze
Pck.	= Packung/Päckchen
g	= Gramm
kg	= Kilogramm
ml	= Milliliter
l	= Liter
Min.	= Minuten
Std.	= Stunden
evtl.	= eventuell
geh.	= gehäuft
gestr.	= gestrichen
TK	= Tiefkühlprodukt
°C	= Grad Celsius
Ø	= Durchmesser
E	= Eiweiß
F	= Fett
Kh	= Kohlenhydrate
kcal	= Kilokalorien
kJ	= Kilojoule

Hinweise zu den Rezepten

Die Rezepte sind – wenn nicht anders angegeben – für 8–10 Personen berechnet. Lesen Sie vor der Zubereitung das Rezept einmal vollständig durch. Oft werden Arbeitsabläufe oder -zusammenhänge dann klarer. Die in den Rezepten angegebenen Gartemperaturen und -zeiten sind Richtwerte, die je nach individueller Hitzeleistung des Backofens über- oder unterschritten werden können. Beachten Sie bei Gasherden die Gebrauchsanweisung des Herstellers.

Zubereitungszeiten

Die Zubereitungszeit beinhaltet nur die Zeit für die eigentliche Zubereitung, die Backzeiten sind gesondert ausgewiesen. Längere Wartezeiten wie z. B. Kühlzeiten sind nicht mit einbezogen..

Schweinenacken im Salzmantel

4,3 kg Fleisch haben für 7 Männer gerade gereicht. bei 180° C knapp 3 Std. im Ofen lassen / wie Salzbraten

Zubereitungszeit: 45 Min.
Gesamtgarzeit: etwa 110 Min.

Pro Portion:
E: 53 g, F: 42 g, Kh: 1 g,
kJ: 2695, kcal: 643

Für den Salzmantel:

- **1 1/2 kg Salz**
- **40 g Weizenmehl**
- **5 Eiweiß (Größe M)**

- **2 1/2 kg Schweinenacken ohne Knochen**
- **60 g weiche Butter**
- **etwa 5 EL gehackte Kräuter, z. B. Petersilie, Schnittlauch oder Kerbel**

1 Für den Salzmantel Salz mit Mehl in einer Rührschüssel mischen. Eiweiß verschlagen, zu der Salzmischung geben und alles mit Handrührgerät mit Knethaken zu einer einheitlichen Masse verkneten.

2 Knapp 1/3 der Salzmasse in die Mitte einer Fettfangschale (mit Alufolie oder Backpapier ausgelegt) geben und in der Größe des Fleisches formen.

3 Den Schweinenacken unter fließendem kalten Wasser abspülen, trockentupfen und auf die Salzmasse legen. Butter mit Kräutern verrühren und auf das Fleisch streichen.

4 Die restliche Salzmasse um und auf das Fleisch verteilen und gut andrücken. Die Fettfangschale in den Backofen schieben.

Ober-/Unterhitze:
etwa 250 °C (vorgeheizt)
Heißluft: etwa 220 °C (vorgeheizt)
Gas: etwa Stufe 5 (vorgeheizt)
Garzeit: etwa 30 Min.

5 Die Backofentemperatur um etwa 50 °C (Gas um etwa 2 Stufen) reduzieren und das Fleisch weitere 60 Minuten garen.

6 Das Fleisch dann noch etwa 20 Minuten im ausgeschalteten Backofen ruhen lassen.

7 Die Fettfangschale aus dem Backofen nehmen, den Salzmantel aufschlagen (evtl. mit einem Hammer). Das Fleisch herausnehmen, auf eine vorgewärmte Platte legen und in Scheiben schneiden.

Beilage: Kartoffelgratin
Röstkartoffeln und **Tomatensalat**.
Dafür 1 1/2 kg Tomaten waschen, abtrocknen, die Stängelansätze herausschneiden und die Tomaten in Scheiben schneiden. 300 g Frühlingszwiebeln putzen, waschen und in feine Ringe schneiden. Die beiden Zutaten auf eine tiefe Platte schichten. Für die Sauce 3–4 Esslöffel Balsamico-Essig mit Salz und Pfeffer verrühren. 7 Esslöffel Olivenöl unterschlagen. Tomatenscheiben und Zwiebelringe mit der Sauce beträufeln.

Tipp:
Es kann sein, dass der Salzblock beim Garen etwas aufreißt. Das Fleisch bleibt aber trotzdem schön saftig und zart.
Das Fleisch schmeckt auch kalt hervorragend. Schneiden Sie es in dünne Scheiben (am besten mit einer Aufschnittmaschine) und servieren es mit einer Remouladensauce oder Senf.

Krustenbraten

Zubereitungszeit: 45 Min.
Gesamtgarzeit: etwa 2½ Std.

Pro Portion:
E: 53 g, F: 41 g, Kh: 5 g,
kJ: 2565, kcal: 611

- **2,4 kg Schweinefleisch mit Schwarte (aus der Oberschale)**
- **Salz**
- **frisch gemahlener Pfeffer**
- **1 TL gemahlener Kümmel**
- **evtl. 6 Gewürznelken**
- **250 ml (¼ l) Wasser**
- **2 Zwiebeln**
- **2 Tomaten**
- **1 Bund Suppengrün**
- **200 ml Bier**
- **1 EL Weizenmehl**
- **etwas kaltes Wasser**

1 Schweinefleisch unter fließendem kalten Wasser abspülen, trockentupfen und die Schwarte rautenförmig etwa 1 cm tief einschneiden.

2 Das Fleisch mit Salz, Pfeffer und Kümmel bestreuen und nach Belieben Gewürznelken in einige Kreuzungspunkte der Einschnitte stecken. Das Fleisch in einen Bräter legen. Den Bräter auf dem Rost in den Backofen schieben.

Ober-/Unterhitze:
etwa 200 °C (vorgeheizt)
Heißluft: etwa 180 °C (vorgeheizt)
Gas: Stufe 3–4 (vorgeheizt)
Garzeit: etwa 60 Min.

3 Während der Gesamtgarzeit nach und nach das Wasser hinzugießen.

4 In der Zwischenzeit Zwiebeln abziehen und vierteln. Tomaten waschen, abtrocknen, die Stängelansätze herausschneiden und Tomaten halbieren. Suppengrün putzen, waschen, abtropfen lassen und in Stücke schneiden.

5 Das vorbereitete Gemüse zum Fleisch geben und **alles weitere 90 Minuten garen.** Währenddessen das Fleisch nach und nach mit dem Bier begießen.

6 Das gare Fleisch aus dem Bräter nehmen und zugedeckt etwa 10 Minuten ruhen lassen. Den Bratensatz durch ein Sieb streichen und zum Kochen bringen. Mehl mit Wasser anrühren und unterrühren. Die Sauce etwa 5 Minuten kochen lassen und mit den Gewürzen abschmecken.

7 Das Fleisch in Scheiben schneiden und mit der Sauce servieren.

Beilage:
Rotkohl und Kartoffelknödel oder **Nudelsalat**.
Dafür 500 g Nudeln (z. B. Spirelli) in reichlich Salzwasser nach Packungsanleitung bissfest kochen, mit kaltem Wasser abspülen, abtropfen und erkalten lassen. 1 Salatgurke waschen, abtrocknen, die Enden abschneiden, Gurke der Länge nach vierteln und quer in Streifen schneiden. 4 gelbe und 2 rote Paprikaschoten halbieren, entstielen, entkernen, die weißen Scheidewände entfernen, die Schoten waschen und in Streifen schneiden. 3 Bund Schnittlauch abspülen, trockentupfen und in Röllchen schneiden. Für die Sauce 6 Esslöffel Obstessig mit 30 g Tomatenmark, Salz und Pfeffer verrühren. Je 100 ml Olivenöl und Sonnenblumenöl unterschlagen. Die Sauce mit Nudeln, vorbereitetem Gemüse und Schnittlauch in einer großen Schüssel mischen und den Salat mindestens 30 Minuten durchziehen lassen.

Filetduo

Zubereitungszeit: 60 Min.
Gesamtgarzeit: etwa 35 Min.

Pro Portion:
E: 33 g, F: 35 g, Kh: 7 g,
kJ: 2048, kcal: 489

Für das Schweinefilet:
- **2 Schweinefilets (je etwa 600 g)**
- **frisch gemahlener Pfeffer**
- **4 EL Speiseöl**
- **Salz**
- **8 dünne Scheiben fetter Speck**

Für die Bröselkruste:
- **60 g Semmelbrösel**
- **1 Eigelb**
- **50 g weiche Butter**
- **3 geh. TL mittelscharfer Senf**
- **1 Pck. (25 g) TK-8-Kräuter-Mischung**

Für die Sauce:
- **125 ml (1/8 l) Wasser**
- **100 ml Balsamico-Essig**
- **3 EL Gourmet-Bouillon**
- **4 EL Sojasauce**
- **1 geh. TL Zucker**
- **Paprikapulver edelsüß**
- **frisch gemahlener Pfeffer**
- **2 TL Speisestärke**
- **etwas kaltes Wasser**

1 Schweinefilets unter fließendem kalten Wasser abspülen, trockentupfen, evtl. Sehnen oder Haut entfernen und das Fleisch mit Pfeffer würzen. Öl in einer Pfanne erhitzen. Die Filets darin rundherum anbraten und mit Salz bestreuen. Speckscheiben darauf verteilen und die Filets nebeneinander in einen Bräter legen.

2 Für die Kruste Semmelbrösel mit Eigelb, Butter, Senf und Kräutern verrühren und mit Salz und Pfeffer würzen. Die Masse auf den Speckscheiben verteilen und etwas andrücken.

3 Den Bräter ohne Deckel auf dem Rost in den Backofen schieben.

Ober-/Unterhitze: 200–220 °C (vorgeheizt)
Heißluft: 180–200 °C (vorgeheizt)
Gas: etwa Stufe 4 (vorgeheizt)
Garzeit: etwa 10 Min.

4 In der Zwischenzeit für die Sauce Wasser mit Essig, Bouillon, Sojasauce, Zucker, Paprikapulver und Pfeffer in einem kleinen Topf verrühren und zum Kochen bringen.

5 Nach Beendigung der Garzeit die Sauce in den Bräter geben und **das Fleisch noch weitere 25 Minuten garen**.

6 Das Fleisch vorsichtig aus dem Bräter nehmen und etwa 10 Minuten zugedeckt ruhen lassen. Die Sauce etwas einkochen lassen. Speisestärke mit Wasser anrühren und die Sauce damit binden. Evtl. mit den Gewürzen abschmecken.

7 Das Fleisch dann in Scheiben schneiden und mit der Sauce servieren.

Beilage:
Angebratene Schupfnudeln (etwa 4 Packungen zu je 250 g, aus dem Kühlregal).

Tipp:
Wer es asiatisch mag, kann auch Gemüse, z. B. Zuckerschoten, Paprikaschoten, kleine Maiskolben und Spitzkohl im Wok zubereiten und dazu servieren.

Abwandlung:
Anstelle von Schweinefilet können Sie auch 2 Rinderfiletstücke (die dünnen Endstücke) verwenden. Dann erhöht sich die Garzeit um etwa 10 Minuten.

Runder Schichtbraten

Zubereitungszeit: 45 Min.
Garzeit: 50–60 Min.

Pro Portion:
E: 42 g, F: 21 g, Kh: 40 g,
kJ: 2299, kcal: 549

- **2 Bund Suppengrün (je etwa 300 g)**
- **2 Zwiebeln**
- **2 Knoblauchzehen**
- **30 g frischer Ingwer**
- **3 EL Olivenöl**
- **200 g Risottoreis, z. B. Arborio-Reis**
- **500 ml (1/2 l) Gemüsebrühe**
- **2 Bund glatte Petersilie**
- **Salz**
- **frisch gemahlener Pfeffer**
- **2 Eiweiß**
- **16 große, dünne Schweineschnitzel (je 100 g)**
- **50 g abgezogene, gehackte Mandeln**
- **30 g Butter**

1 Suppengrün vorbereiten: Sellerie und Möhren putzen, schälen, waschen und auf der Haushaltsreibe raspeln. Porree putzen, längs halbieren, gründlich waschen, abtropfen lassen und in dünne Streifen schneiden. Zwiebeln abziehen und fein würfeln. Knoblauch abziehen und hacken. Ingwer schälen.

2 Öl in einem Topf erhitzen. Reis darin andünsten. Suppengrün, Zwiebeln und Knoblauch dazugeben und alles im geschlossenen Topf bei mittlerer Hitze etwa 15 Minuten garen, dabei die Gemüsebrühe nach und nach zum Reis gießen.

3 Petersilie abspülen, trockentupfen, die Blättchen von den Stängeln zupfen und hacken. Ingwer reiben. Petersilie und Ingwer unter den Gemüsereis mischen. Den Reis mit Salz und Pfeffer würzen und etwas abkühlen lassen. Dann das Eiweiß unter den Gemüsereis mischen.

4 Schnitzel unter fließendem kalten Wasser abspülen, trockentupfen und von beiden Seiten mit Pfeffer bestreuen. Den gefetteten Rand einer Springform (Ø 26 cm) auf ein mit Backpapier belegtes Backblech stellen.

5 Vier Schnitzel nebeneinander in den Springformrand auf das Backpapier legen, so dass der Boden bedeckt ist. 1/3 des Gemüsereis darauf verteilen. Darauf nacheinander wieder 4 Schnitzel, 1/3 Gemüsereis, 4 Schnitzel, 1/3 Gemüsereis und 4 Schnitzel legen und andrücken.

6 Die oberste Lage Schnitzel mit Mandeln bestreuen und mit Butterstückchen belegen. Mit Alufolie zudecken. Das Backblech in den Backofen schieben.

Ober-/Unterhitze:
etwa 200 °C (vorgeheizt)
Heißluft: etwa 180 °C (vorgeheizt)
Gas: Stufe 3–4 (vorgeheizt)
Garzeit: 50–60 Min.

7 Nach 30 Minuten die Alufolie entfernen. Den garen Schichtbraten aus dem Backofen nehmen und 10 Minuten in der Form ruhen lassen. Dann den Springformrand entfernen und den Braten in Stücke schneiden (am besten mit einem elektrischen Messer).

Tipp:
Dazu einen gemischten Salat und z. B. Joghurt oder saure Sahne oder eine asiatische Sweet & Sour-Sauce servieren.

Gefüllte Schweineschulter

10–12 Portionen
Zubereitungszeit: 85 Min.
Gesamtgarzeit: etwa 2½ Std.

Pro Portion:
E: 64 g, F: 42 g, Kh: 3 g,
kJ: 2651, kcal: 653

- **3 Schalotten**
- **150 g Knollensellerie**
- **40 g Butter**
- **2 Scheiben Weißbrot**
- **100 ml Schlagsahne**
- **400 g Thüringer Mett (gewürztes Schweinegehacktes)**
- **2 Eier**
- **3 EL gehackte Petersilie**
- **1 EL Madeira (portugiesischer Likörwein)**
- **Salz**
- **frisch gemahlener Pfeffer**
- **1 doppeltes Hähnchenbrustfilet (etwa 350 g)**
- **2 EL Speiseöl**
- **2,6 kg Schweineschulter mit Schwarte**
- **etwas Wasser**

Außerdem:

- **Küchengarn**

Beilage:
Bauernbrot oder Salzkartoffeln.

1 Schalotten abziehen und in Würfel schneiden. Sellerie putzen, waschen und fein würfeln. Butter in einer Pfanne zerlassen. Schalotten- und Selleriewürfel darin andünsten und abkühlen lassen.

2 Weißbrot entrinden, würfeln und in Sahne einweichen. Das Mett mit den Gemüse- und Weißbrotwürfeln vermengen. Eier, Petersilie und Madeira untermischen. Die Masse mit Salz und Pfeffer würzen.

3 Hähnchenbrustfilet unter fließendem kalten Wasser abspülen und trockentupfen. Öl in einer Pfanne erhitzen. Das Hähnchenbrustfilet darin von allen Seiten anbraten und etwas abkühlen lassen.

4 Schweineschulter unter fließendem kalten Wasser abspülen, trockentupfen, waagerecht eine Tasche einschneiden und die Schwarte gitterförmig einschneiden (evtl. vom Metzger vorbereiten lassen).

5 Gut die Hälfte der Mettmasse in die Öffnung geben und etwas festdrücken. Das Hähnchenbrustfilet in die Mitte geben, die restliche Mettmasse darauf geben und festdrücken. Die Öffnung mit Küchengarn zunähen. Das Fleisch mit Salz und Pfeffer einreiben und in eine Fettfangschale legen. Etwas Wasser hinzugießen. Die Fettfangschale in den Backofen schieben.

Ober-/Unterhitze:
etwa 220 °C (vorgeheizt)
Heißluft: etwa 200 °C (vorgeheizt)
Gas: Stufe 4–5 (vorgeheizt)
Garzeit: etwa 60 Min.

6 Nach Beendigung der Garzeit **die Backofentemperatur um etwa 20 °C (Gas um etwa 1 Stufe) herunterschalten und den Braten noch weitere 90 Minuten garen.**

7 Den garen Braten aus dem Backofen nehmen und etwa 10 Minuten zugedeckt ruhen lassen. Das Küchengarn entfernen, das Fleisch in Scheiben schneiden und auf einer vorgewärmten Platte anrichten. Nach Belieben den Bratensatz dazu servieren.

Tipp:
Sie können die Mettmasse auch als Füllung für eine Pute (dann die Leber der Pute mit den Zwiebeln andünsten und unter die Masse mengen), Rollbraten oder Schweinebauch verwenden.

Schweinekotelettbraten

Zubereitungszeit: 60 Min.
Gesamtgarzeit: etwa 2½ Std.

Pro Portion:
E: 48 g, F: 44 g, Kh: 6 g,
kJ: 2762, kcal: 660

Für die Füllung:
- **200 g gekochter Schinken**
- **100 g weiche Butter**
- **1 Glas (145 g) geriebener Meerrettich**

- **1 Schweinekotelettstrang (etwa 2½ kg, mit Knochen)**
- **150 g Bacon (Frühstücksspeck, in dünnen Scheiben)**
- **1 Bund Suppengrün**
- **2 Zwiebeln**
- **500 ml (½ l) Gemüsebrühe**
- **100 ml Weißwein**
- **100–150 ml Schlagsahne**
- **evtl. etwas Saucenbinder**

Außerdem:
- **Küchengarn**

1 Für die Füllung Schinken sehr fein würfeln. Schinkenwürfel, Butter und Meerrettich in einen hohen Rührbecher geben und mit Handrührgerät mit Pürierstab zu einer Paste verarbeiten.

2 Kotelettstrang unter fließendem kalten Wasser abspülen und trockentupfen. Das Fleisch der Länge nach 2 x etwa 3 cm tief einschneiden (nicht bis auf den Knochen durchschneiden). Die Füllung in die Einschnitte füllen und glatt streichen.

3 Die Baconscheiben quer, einander leicht überlappend, auf das Fleisch legen und den Braten mit Küchengarn umwickeln. Den Braten mit der Speckseite nach oben in eine Fettfangschale oder einen Bräter legen. Die Fettfangschale (den Bräter auf dem Rost) in den Backofen schieben (unterste Schiene).

Ober-/Unterhitze:
etwa 220 °C (vorgeheizt)
Heißluft: etwa 200 °C (vorgeheizt)
Gas: Stufe 4–5 (vorgeheizt)
Garzeit: etwa 30 Min.

4 In der Zwischenzeit Suppengrün vorbereiten: Sellerie und Möhren putzen, schälen, waschen und fein würfeln. Porree putzen, die Stange längs halbieren, gründlich waschen, abtropfen lassen und in dünne Streifen schneiden. Zwiebeln abziehen und fein würfeln.

5 **Die Backofentemperatur um etwa 40 °C (Gas um etwa 2 Stufen) reduzieren**, das vorbereitete Gemüse und etwas von der Brühe hinzufügen und **alles weitere 2 Stunden garen**.

6 Den garen Braten aus dem Backofen nehmen und zugedeckt etwa 10 Minuten ruhen lassen. Das Gemüse mit der Garflüssigkeit in einen Topf geben. Die restliche Brühe und den Weißwein hinzufügen und aufkochen lassen. Die Sauce pürieren, durch ein Sieb streichen und nochmals aufkochen lassen. Die Sahne unterrühren. Die Sauce nach Belieben etwas einkochen lassen oder mit Saucenbinder binden.

7 Das Küchengarn entfernen und das Fleisch erst der Länge nach von den Knochen schneiden und dann in Scheiben schneiden (evtl. mit einem elektrischen Messer). Das Fleisch mit der Sauce servieren.

Schweinebraten mit Kräuterkruste

Zubereitungszeit: 60 Min.
Garzeit: etwa 2 Std.

Pro Portion:
E: 50 g, F: 24 g, Kh: 3 g, kJ: 1736, kcal: 434

- **2,2 kg Schweinefleisch mit Schwarte (aus der Oberschale)**
- **Salz**
- **frisch gemahlener Pfeffer**
- **2 TL gerebelter Thymian**
- **1 TL gerebelter Salbei**
- **1 TL geschnittener Rosmarin**
- **250 ml (1/4 l) Bier**
- **250 ml (1/4 l) Wasser**
- **2 EL Weizenmehl**
- **4 EL kaltes Wasser**

1 Fleisch unter fließendem kalten Wasser abspülen und trockentupfen. Die Schwarte gitterartig einschneiden und die Einschnitte mit Salz, Pfeffer, Thymian, Salbei und Rosmarin einreiben.

2 Das Fleisch mit der Schwarte nach oben in eine mit Wasser ausgespülte Fettfangschale oder einen Bräter legen. Die Fettfangschale (den Bräter ohne Deckel auf dem Rost) in den Backofen schieben.

Ober-/Unterhitze:
etwa 200 °C (vorgeheizt)
Heißluft: etwa 180 °C (vorgeheizt)
Gas: Stufe 3–4 (vorgeheizt)
Garzeit: etwa 2 Std.

3 Sobald der Bratensatz bräunt, etwas Bier und Wasser hinzugießen. Das Fleisch ab und zu mit dem Bratensatz begießen. Verdampfte Flüssigkeit nach und nach durch Bier und Wasser ersetzen.

4 Das gare Fleisch aus der Fettfangschale bzw. dem Bräter nehmen und auf einer vorgewärmten Platte etwa 10 Minuten zugedeckt ruhen lassen.

5 Den Bratensatz loskochen, durch ein Sieb gießen, evtl. mit Wasser auf 500 ml (1/2 l) auffüllen und wieder zum Kochen bringen. Mehl mit dem kalten Wasser anrühren und den Bratensatz damit binden. Die Sauce mit Salz und Pfeffer abschmecken.

6 Das Fleisch in Scheiben schneiden, auf der Platte anrichten und mit der Sauce servieren.

Beilage:
Röstkartoffeln (aus 2 kg Pellkartoffeln) oder Laugenbrezeln und **Weißkohlsalat**.
Dafür von 1 Kopf Weißkohl (800 g) die äußeren welken Blätter entfernen, den Kohl sechsteln, den Strunk herausschneiden, den Kohl abspülen, abtropfen lassen, in feine Streifen schneiden und in eine Schüssel geben. 1 Teelöffel Fenchelsamen mit etwas Salz und Zucker im Mörser zerstoßen, 2 Esslöffel von 125 ml (1/8 l) Speiseöl dazugeben. Die Mischung zu den Kohlstreifen geben und den Kohl geschmeidig kneten. 1 Glas Karottensalat (Abtropfgewicht 190 g) in einem Sieb abtropfen lassen. 2 Bund Radieschen putzen, waschen und in Scheiben schneiden. Karottensalat und Radieschenscheiben zu dem Kohl geben. Für die Sauce 4 Esslöffel Weißweinessig mit Salz und Pfeffer verrühren. Das restliche Öl unterschlagen. Die Sauce unter die Salatzutaten mischen und den Salat mindestens 30 Minuten durchziehen lassen.

Zigeunerbraten

Zubereitungszeit: 50 Min.
Gesamtgarzeit: etwa 2 Std.

Pro Portion:
E: 53 g, F: 51 g, Kh: 8 g,
kJ: 2970, kcal: 708

- **2 Stücke Dicke Rippe (je 1,2 kg)**
- **Salz**
- **frisch gemahlener Pfeffer**
- **3 Zwiebeln**
- **je 1 grüne, rote und gelbe Paprikaschote**
- **1 Glas Champignonscheiben (Abtropfgewicht 265 g)**
- **1 kleines Glas Silberzwiebeln (Abtropfgewicht 115 g)**
- **6 EL Speiseöl**
- **Paprikapulver edelsüß**
- **Cayennepfeffer**
- **500 ml (1/2 l) Fleischbrühe**
- **1 Glas (500 g) Zigeunersauce**

Außerdem:
- **evtl. Küchengarn**

1 Dicke Rippe unter fließendem kalten Wasser abspülen und trockentupfen. Das Fleisch oberhalb der Knochen so einschneiden, dass eine Tasche entsteht (evtl. vom Metzger einschneiden lassen). Das Fleisch von innen und außen mit Salz und Pfeffer einreiben.

2 Zwiebeln abziehen, halbieren und in Scheiben schneiden. Paprikaschoten halbieren, entstielen, entkernen, die weißen Scheidewände entfernen, die Schoten waschen und in Streifen schneiden. Champignonscheiben und Silberzwiebeln in einem Sieb abtropfen lassen.

3 Die Hälfte des Öls in einem Topf oder einer großen Pfanne erhitzen. Zwiebeln darin andünsten. Paprikastreifen hinzufügen und mit andünsten. Champignonscheiben und Silberzwiebeln zugeben und miterhitzen. Die Mischung mit Salz, Pfeffer, Paprikapulver und Cayennepfeffer würzen.

4 Etwa 2/3 der Mischung in die Fleischtaschen geben. Die Öffnungen evtl. mit Küchengarn zunähen oder gut fest stecken. Die Fleischstücke mit dem Knochen nach unten in eine Fettfangschale legen und mit dem restlichen Öl bestreichen. Die Fettfangschale in den Backofen schieben.

Ober-/Unterhitze:
etwa 220 °C (vorgeheizt)
Heißluft: etwa 200 °C (vorgeheizt)
Gas: Stufe 4–5 (vorgeheizt)
Garzeit: etwa 45 Min.

5 **Die Backofentemperatur um 20–40 °C (Gas um 1–2 Stufen) reduzieren**, die restliche Gemüsemischung um das Fleisch verteilen und **das Fleisch noch weitere 75 Minuten garen**, dabei nach und nach die Fleischbrühe hinzugießen.

6 Das gare Fleisch aus der Fettfangschale nehmen und zugedeckt etwa 10 Minuten ruhen lassen.

7 Die Zigeunersauce zu dem Gemüse geben, verrühren, erhitzen und evtl. mit den Gewürzen abschmecken. Das Fleisch in Stücke schneiden und mit Füllung und Sauce servieren.

Beilage:
Reis, Baguette oder Fladenbrot.

Senfbraten

Zubereitungszeit: 55 Min.
Garzeit: etwa 2 Std.

Pro Portion:
E: 48 g, F: 23 g, Kh: 5 g,
kJ: 1920, kcal: 459

- **2 kg Schweinekotelettstrang mit Filet vom Schwein (am Stück, ohne Knochen)**
- **Salz**
- **frisch gemahlener Pfeffer**
- **4 Zwiebeln**
- **2 Knoblauchzehen**
- **3 Bund gemischte Kräuter**
- **3 EL scharfer Senf**
- **3 EL französischer Gewürzsenf**
- **200 ml Fleischbrühe**
- **100 ml Rotwein**
- **2 gestr. EL Weizenmehl**
- **200 ml Schlagsahne**
- **gerebelter Thymian**

Außerdem:
- **Küchengarn**
- **1 Bratschlauch**

Beilage:
Bandnudeln und Eisbergsalat.

1 Fleisch unter fließendem kalten Wasser abspülen, trockentupfen, mit einem scharfen Messer längs bis etwa zur Hälfte einschneiden und mit Salz und Pfeffer einreiben.

2 Zwiebeln abziehen und fein würfeln. Knoblauch abziehen und durch die Knoblauchpresse drücken. Kräuter abspülen, trockentupfen, die Blättchen von den Stängeln zupfen und hacken.

3 Die 3 Zutaten mit beiden Senfsorten verrühren und 1/3 der Masse in den Fleischeinschnitt füllen. Mit der restlichen Masse das Fleisch bestreichen. Das Fleisch mit Küchengarn umwickeln und in einen Bratschlauch legen. Den Bratschlauch verschließen und auf ein Backblech legen. Das Backblech in den kalten Backofen schieben.

Ober-/Unterhitze:
etwa 200 °C (nicht vorgeheizt)
Heißluft: etwa 180 °C
(nicht vorgeheizt)
Gas: Stufe 3–4 (nicht vorgeheizt)
Garzeit: etwa 2 Std.

4 Das gare Fleisch aus dem Backofen nehmen und etwa 10 Minuten ruhen lassen. Erst dann den Bratschlauch öffnen (dabei den ausgetretenen Fleischsaft auffangen) und das Fleisch zugedeckt warm stellen.

5 Den Fleischsaft mit Brühe und Rotwein in einen Topf geben, zum Kochen bringen und einige Minuten kochen lassen. Mehl mit der Sahne verrühren und die Sauce damit binden. Die Sauce mit Salz, Pfeffer und Thymian würzen.

6 Den Braten von dem Küchengarn befreien, in Scheiben schneiden und auf einer Platte anrichten. Die Sauce dazu servieren.

Tipp:
Sie können den Braten auch kalt servieren. Dann keine Sauce zubereiten, sondern den kalten Braten dünn aufschneiden, auf einer Platte anrichten und mit dem aufgefangenen Bratensaft beträufeln.

Kasseler mit Kräuter-Pesto

Zubereitungszeit: 50 Min.
Garzeit: etwa 45 Min.

Pro Portion:
E: 49 g, F: 31 g, Kh: 3 g,
kJ: 2224, kcal: 532

- **2 kg Kasseler-Kotelettstrang (am Stück, ohne Knochen)**

Für das Pesto:
- **50 g Pinienkerne**
- **60 g getrocknete Tomaten in Öl**
- **1 Bund Petersilie**
- **1 Topf Basilikum**
- **1 Bund Schnittlauch**
- **2 Knoblauchzehen**
- **60 g Parmesan-Käse**
- **100 ml Olivenöl**
- **Salz, Pfeffer, Paprika**

Außerdem:
- **1 Bratschlauch**

1 Kasseler-Kotelettstrang kurz unter fließendem kalten Wasser abspülen, trockentupfen und in einen Bratschlauch legen. Den Bratschlauch verschließen und auf ein mit Backpapier belegtes Backblech legen. Das Backblech in den kalten Backofen schieben.

Ober-/Unterhitze:
180–200 °C (nicht vorgeheizt)
Heißluft: 160–180 °C
(nicht vorgeheizt)
Gas: etwa Stufe 3 (nicht vorgeheizt)
Garzeit: etwa 45 Min.

2 In der Zwischenzeit für das Pesto Pinienkerne in einer Pfanne ohne Fett rösten und etwas abkühlen lassen. Tomaten abtropfen lassen und in kleine Würfel schneiden. Petersilie, Basilikum und Schnittlauch abspülen, trockentupfen und grob zerkleinern. Knoblauch abziehen und fein würfeln. Parmesan reiben.

3 Die vorbereiteten Zutaten mit Parmesan und Öl pürieren (evtl. in 2 Portionen) und mit Salz, Pfeffer und Paprika abschmecken.

4 Das gare Kasseler etwa 10 Minuten ruhen lassen, erst dann aus dem Bratschlauch nehmen, in Scheiben schneiden und auf einer vorgewärmten Platte anrichten. Das Fleisch mit dem Pesto servieren.

Vorbereitungstipp:
Das Kasseler schmeckt auch kalt sehr gut. Sie können es bereits am Vortag zubereiten und kalt mit dem Pesto servieren.

Beilage:
Baguette oder **Reissalat**.
Dafür 600 g Langkornreis in Salzwasser nach Packungsanleitung kochen. 500 g Zuckerschoten putzen, waschen, 2–3-mal schräg durchschneiden und in 150 ml Salzwasser 3–5 Minuten bissfest garen. Die Zuckerschotenstücke in kaltem Wasser abschrecken und abtropfen lassen. 300 g Möhren putzen, schälen, waschen, raspeln und in einem Sieb gut abtropfen lassen. Den garen Reis in ein Sieb geben, gut abtropfen lassen, heiß in eine Schüssel geben und sofort Zuckerschotenstücke und Möhrenraspel unterrühren. 2 Bund Schnittlauch abspülen, trockentupfen und in Röllchen schneiden.
Für die Sauce 6 Esslöffel Weißweinessig mit 125 ml (1/8 l) Gemüsebrühe, Salz und Pfeffer verrühren. 150 ml Speiseöl unterschlagen. Die Sauce mit den Schnittlauchröllchen unter die Salatzutaten mischen und den Salat mindestens 20 Minuten durchziehen lassen. Den Salat mit Salz und Pfeffer abschmecken und lauwarm oder kalt servieren.

Scharfer Kräuterrollbraten

Titelfoto
Zubereitungszeit: 60 Min.
Gesamtgarzeit: etwa 2 Std.

Pro Portion:
E: 58 g, F: 31 g, Kh: 8 g,
kJ: 2471, kcal: 591

- **2½ kg Schweinekotelettstrang (am Stück, ohne Knochen)**
- **Salz**
- **frisch gemahlener Pfeffer**
- **Paprikapulver edelsüß**
- **Cayennepfeffer**

Für die Füllung:

- **75 g weiche Butter**
- **75 g Semmelbrösel**
- **5 Rosmarinzweige**
- **3 rote Peperoni**
- **8 Knoblauchzehen**
- **2 EL gehackte gemischte Kräuter, z. B. Petersilie, Schnittlauch**

- **5 EL Olivenöl**
- **125 ml (⅛ l) Wasser**
- **2 Tomaten**
- **1 Bund glatte Petersilie**
- **gerebelter Thymian**
- **rosa Pfefferbeeren**

Außerdem:

- **Küchengarn**

1 Fleisch unter fließendem kalten Wasser abspülen und trockentupfen. Das Fleischstück von der breiten Seite im oberen Drittel von rechts nach links waagerecht einschneiden, dabei 1 cm Rand frei lassen (nicht durchschneiden!). Dann auf die gleiche Weise im unteren Drittel von links nach rechts einschneiden. Das Fleisch auseinander klappen, so dass ein langes, flaches Stück entsteht. Das Fleischstück mit Salz, Pfeffer, Paprikapulver und Cayennepfeffer bestreuen.

2 Für die Füllung Butter mit Semmelbröseln verrühren. 2 Rosmarinzweige abspülen, trockentupfen und die Nadeln von den Stängeln zupfen. 2 Peperoni halbieren, entkernen, waschen, trockentupfen und in dünne Streifen schneiden. 2 Knoblauchzehen abziehen und durch die Knoblauchpresse drücken.

3 Rosmarinnadeln, Peperonistreifen und Knoblauch mit den gemischten Kräutern unter die Butter rühren. Die Mischung auf das Fleischstück streichen und das Fleisch von der kürzeren Seite her aufrollen. Das Fleisch von außen mit Salz und Pfeffer einreiben und gut mit Küchengarn festbinden.

4 Öl in einem Bräter erhitzen. Den Rollbraten darin von allen Seiten kräftig anbraten. Etwas Wasser hinzufügen. Den Bräter ohne Deckel auf dem Rost in den Backofen schieben. Während der gesamten Garzeit nach und nach das Wasser hinzufügen.

Ober-/Unterhitze:
etwa 200 °C (vorgeheizt)
Heißluft: etwa 180 °C (vorgeheizt)
Gas: Stufe 3–4 (vorgeheizt)
Garzeit: etwa 75 Min.

5 In der Zwischenzeit Tomaten waschen, abtrocknen, die Stängelansätze herausschneiden und die Tomaten vierteln. Die restlichen Knoblauchzehen abziehen und in Scheiben schneiden. Die übrige Peperoni halbieren, entkernen, waschen, trockentupfen und in dünne Streifen schneiden. Die restlichen Rosmarinzweige abspülen und trockentupfen. Petersilie abspülen, trockentupfen, die Blättchen von den Stängeln zupfen und grob zerkleinern.

6 Tomatenviertel, Knoblauch, Peperonistreifen, Rosmarinzweige, Petersilie und Pfefferbeeren zu dem Fleisch in den Bräter geben

(Fortsetzung Seite 28)

und umrühren. **Alles noch weitere 45 Minuten garen** (evtl. noch etwas Wasser hinzufügen).

7 Den garen Braten aus dem Bräter nehmen und zugedeckt etwa 10 Minuten ruhen lassen. Den Bratensatz mit Wasser loskochen und mit den Gewürzen abschmecken.

8 Das Küchengarn entfernen, das Fleisch in Scheiben schneiden und mit der Sauce servieren.

Beilage:
Gebratene Schupfnudeln (aus dem Kühlregal) oder Ofenkartoffeln.

Tipp:
Lassen Sie sich das Fleisch evtl. vom Metzger zurechtschneiden.

Rippe mit Backobst

Zubereitungszeit: 50 Min., ohne Abkühlzeit
Garzeit: etwa 90 Min.

Pro Portion:
E: 54 g, F: 46 g, Kh: 23 g, kJ: 3180, kcal: 758

- **250 ml (1/4 l) Wasser**
- **250 ml (1/4 l) Madeira (portugiesischer Likörwein)**
- **1 Zimtstange**
- **3 Gewürznelken**
- **1 kg gemischtes Backobst**
- **2 Stücke (je 1,3 kg) Schweine- oder Kasseler Rippe (mit eingeschnittener Tasche)**
- **Salz**
- **frisch gemahlener Pfeffer**
- **Paprikapulver edelsüß**

Außerdem:
- **Küchengarn**
- **Bratfolie**

1 Wasser mit Madeira, Zimt und Gewürznelken in einem Topf zum Kochen bringen. Backobst hinzufügen, zum Kochen bringen und etwa 10 Minuten kochen lassen, dabei gelegentlich umrühren. Das Backobst in der Flüssigkeit etwas abkühlen und dann abtropfen lassen.

2 Fleisch unter fließendem kalten Wasser abspülen, trockentupfen und innen und außen mit Salz, Pfeffer und Paprikapulver einreiben. Das Backobst in die beiden Fleischtaschen füllen und die Öffnungen mit Küchengarn verschließen. Die Fleischstücke auf je ein Stück Bratfolie legen, die Folie verschließen und auf ein Backblech legen. Das Backblech in den kalten Backofen schieben.

Ober-/Unterhitze: etwa 200 °C (nicht vorgeheizt)
Heißluft: etwa 180 °C (nicht vorgeheizt)
Gas: Stufe 3–4 (nicht vorgeheizt)
Garzeit: etwa 90 Min.

3 Das Backblech aus dem Backofen nehmen und das gare Fleisch etwa 10 Minuten ruhen lassen. Erst dann die Bratfolie öffnen, das Fleisch in Scheiben schneiden und auf einer Platte anrichten. Das Fleisch nach Belieben mit übrig gebliebenem Backobst und der erhitzten Einweichflüssigkeit (evtl. mit etwas Speisestärke angedickt) servieren.

Tipp:
Bei Kasseler Rippe das Fleisch nicht salzen.

Beilage:
Bauernbrot.

Calzonebraten

Zubereitungszeit: 65 Min.
Gesamtgarzeit: etwa 2 Std.

Pro Portion:
E: 57 g, F: 38 g, Kh: 15 g,
kJ: 2835, kcal: 676

- **2 Stücke Schweinefleisch (aus der Oberschale, je etwa 1,2 kg)**
- **Salz**
- **frisch gemahlener Pfeffer**
- **120 g getrocknete Tomaten in Öl**
- **etwa 24 kleine schwarze Oliven (ohne Stein)**
- **je 2 gelbe, rote und grüne Paprikaschoten**
- **6 mittelgroße Zwiebeln**
- **4 Knoblauchzehen**
- **3 Scheiben Toastbrot**
- **6 EL Olivenöl**
- **2 Pck. (je 25 g) TK-8-Kräuter-Mischung**
- **Paprikapulver edelsüß**
- **250 ml (1/4 l) Gemüsebrühe**
- **4 Dosen (je 400 g) stückige Tomaten**

Außerdem:
- **Holzstäbchen oder Küchengarn**

1 Schweinefleisch unter fließendem kalten Wasser abspülen, trockentupfen und jeweils in der Mitte soweit einschneiden, dass es noch an einem Ende zusammenhält. Die Fleischstücke auseinander klappen, flach klopfen und mit Salz und Pfeffer bestreuen.

2 Tomaten abtropfen lassen und in Streifen schneiden. Oliven halbieren oder vierteln. Paprikaschoten halbieren, entstielen, entkernen, die weißen Scheidewände entfernen, die Schoten waschen und in feine Streifen schneiden. Zwiebeln abziehen, halbieren und in Streifen schneiden. Knoblauch abziehen und würfeln. Toastbrot entrinden und in kleine Würfel schneiden.

3 Öl in einer großen Pfanne oder einem Topf erhitzen. Paprikastreifen, Zwiebeln und Knoblauch darin andünsten. Brotwürfel, Kräuter, Tomatenstreifen und Oliven zugeben und alles mit Salz, Pfeffer und Paprikapulver abschmecken.

4 Je knapp 1/4 der Gemüse-Brot-Masse auf die eine Seite der Fleischstücke geben, die andere Seite darüber schlagen und die Öffnung mit Holzstäbchen gut feststecken oder mit Küchengarn zunähen. Die Fleischstücke in eine Fettfangschale legen. Die Fettfangschale in den Backofen schieben.

Ober-/Unterhitze: etwa 220 °C (vorgeheizt)
Heißluft: etwa 200 °C (vorgeheizt)
Gas: Stufe 4–5 (vorgeheizt)
Garzeit: etwa 40 Min.

5 **Die Backofentemperatur um etwa 40 °C (Gas um etwa 2 Stufen) reduzieren**, etwas von der Gemüsebrühe hinzugießen und **die Fleischstücke weitere 40 Minuten garen**, dabei nach und nach die restliche Brühe zugießen.

6 Dann die restliche Gemüse-Brot-Masse und die stückigen Tomaten hinzufügen und **alles noch etwa 40 Minuten garen**, dabei die Gemüse-Brot-Mischung gelegentlich umrühren.

7 Die garen Fleischstücke aus der Fettfangschale nehmen und zugedeckt etwa 10 Minuten ruhen lassen. Das Gemüse evtl. mit den Gewürzen abschmecken.

8 Zum Servieren das Fleisch in Scheiben schneiden und das Gemüse dazu reichen.

Gefüllter Scheibenbraten

10 Portionen
Zubereitungszeit: 2 Std., ohne Kühlzeit
Garzeit: 1 3/4–2 Std.
Gesamtüberbackzeit: etwa 45 Min.

Pro Portion:
E: 64 g, F: 62 g, Kh: 10 g, kJ: 3804, kcal: 907

- **2 Stücke Schweinefleisch (je 1 1/4 kg – Oberschale)**
- **Salz, Pfeffer**
- **geschnittener Rosmarin**
- **125 g durchwachsener Speck**
- **2 Bund Suppengrün**
- **2 mittelgroße Zwiebeln**
- **2 Tomaten**
- **2 EL Butterschmalz**
- **etwa 250 ml (1/4 l) Wasser**

Für die Füllung:

- **500 g Champignons**
- **450 g Gemüsezwiebeln**
- **5–6 Knoblauchzehen**
- **40 g Butter**
- **4 EL gehackte Petersilie**
- **300 g feine Kalbsleberwurst**

Zum Überbacken:

- **150 g Crème fraîche**
- **150 g saure Sahne**
- **100 g geriebener Emmentaler-Käse**
- **60 g frisch geriebener Parmesan-Käse**
- **Paprikapulver edelsüß**

- **evtl. dunkler Saucenbinder**

1 Schweinefleisch unter fließendem kalten Wasser abspülen, trockentupfen und mit Salz, Pfeffer und Rosmarin einreiben.

2 Speck würfeln. Suppengrün putzen, waschen, abtropfen lassen, Zwiebeln abziehen und alles in Stücke schneiden. Tomaten waschen, abtrocknen, vierteln und die Stängelansätze herausschneiden.

3 Butterschmalz in einem Bräter zerlassen. Speckwürfel darin auslassen. Das Fleisch darin von allen Seiten gut anbraten. Suppengrün, Zwiebeln und Tomaten um das Fleisch legen und mit andünsten. Die Hälfte des Wassers angießen und den Bräter ohne Deckel auf dem Rost in den Backofen schieben.

Ober-/Unterhitze: 200–220 °C (vorgeheizt)
Heißluft: 180–200 °C (vorgeheizt)
Gas: etwa Stufe 4 (vorgeheizt)
Garzeit: 1 3/4–2 Std.

4 Während der Garzeit das Fleisch ab und zu wenden und verdampfte Flüssigkeit durch Wasser ersetzen.

5 In der Zwischenzeit für die Füllung Champignons putzen, mit Küchenpapier abreiben, evtl. abspülen und in Würfel schneiden. Gemüsezwiebeln abziehen und würfeln. Knoblauch abziehen und fein hacken.

6 Butter zerlassen. Gemüsezwiebelwürfel und Knoblauch darin andünsten. Champignonwürfel hinzugeben und unter Rühren bei starker Hitze 5–10 Minuten darin dünsten, bis die Flüssigkeit verdampft ist. Petersilie unterrühren, mit Salz und Pfeffer würzen und erkalten lassen. Die Kalbsleberwurst unterrühren.

7 Das gare Fleisch aus dem Bräter nehmen und zugedeckt erkalten lassen. Den Bratensatz mit Wasser loskochen, mit dem Gemüse durch ein Sieb streichen, evtl. mit Wasser auf 1 l auffüllen und kalt stellen.

8 Die kalten Bratenstücke in etwa 1 cm dicke Scheiben schneiden, die Scheiben etwa 1/2 cm dick mit der Champignon-Leberwurst-Masse

(Fortsetzung Seite 34)

bestreichen. Die Bratenstücke wieder zusammensetzen und in je eine Auflaufform setzen (die Auflaufformen sollten möglichst nicht viel größer als das jeweilige Bratenstück sein).

9 Crème fraîche, saure Sahne, beide Käsesorten und Paprikapulver verrühren und auf dem Fleisch verteilen. Die Auflaufformen zugedeckt (mit Deckeln oder Alufolie) auf dem Rost in den Backofen schieben.

Ober-/Unterhitze:
etwa 180 °C (vorgeheizt)
Heißluft: etwa 160 °C (vorgeheizt)
Gas: Stufe 2–3 (vorgeheizt)
Überbackzeit: etwa 30 Min.

10 Dann Deckel oder Alufolie entfernen und die Bratenstücke **noch weitere 15 Minuten überbacken**.

11 Die beiseite gestellte Sauce erhitzen, nach Belieben mit Saucenbinder binden, evtl. nochmals mit den Gewürzen abschmecken und zu dem Fleisch reichen.

Vorbereitungstipp:
Sie können Fleisch, Sauce und Füllung bereits am Vortag zubereiten. Am Tag des Verzehrs die Bratenstücke mit der Füllung zusammensetzen, mit der Käsemasse bestreichen und wie ab Punkt 9 angegeben überbacken.

Amerikanischer Schinken

Zubereitungszeit: 30 Min.
Gesamtgarzeit: etwa 2 1/2 Std.

Pro Portion:
E: 56 g, F: 35 g, Kh: 17 g, kJ: 2707, kcal: 646

- **1 gepökelter Schinken (etwa 2,4 kg, beim Metzger vorbestellen)**
- **20 Gewürznelken**
- **125 ml (1/8 l) Wasser**
- **100 g brauner Zucker (Rohrzucker)**
- **1 EL mittelscharfer Senf**
- **4 EL Ahornsirup**
- **frisch gemahlener Pfeffer**

1 Die Schwartenseite des Schinkens rautenförmig einritzen und mit Gewürznelken spicken. Eine Fettfangschale in den Backofen schieben (unteres Drittel) und etwas von dem Wasser hineingießen.

2 Den Schinken auf einen Rost legen und den Rost oberhalb der Fettfangschale in den Backofen schieben (so wird das austretende Fett in der Fettfangschale aufgefangen).

Ober-/Unterhitze:
etwa 200 °C (vorgeheizt)
Heißluft: etwa 180 °C (vorgeheizt)
Gas: Stufe 3–4 (vorgeheizt)
Garzeit: etwa 2 Std.

Tipp:
Übrig gebliebenen Schinken können Sie kalt mit Barbecue- oder Chilisauce und Krautsalat servieren.

3 Während der Garzeit nach und nach das restliche Wasser hinzufügen.

4 Das Fett aus der Fettfangschale abgießen, etwa 250 ml (1/4 l) davon abmessen und mit Zucker, Senf und Ahornsirup verrühren. **Die Backofentemperatur um etwa 40 °C erhöhen**. Den Schinken mit Pfeffer bestreuen und mit dem angerührten Fett bestreichen. Den Rost wieder in den Backofen schieben (oberes Drittel) und den **Schinken möglichst bei Oberhitze noch etwa 30 Minuten glasieren**.

Beilage:
Bauernbrot und gekochte, in Butter gedünstete Maiskolben.

Spanferkelkeule

Zubereitungszeit: 60 Min.
Gesamtgarzeit: etwa 3 Std. für die große Keule, etwa 2 Std. für die mittelgroßen Keulen

Pro Portion:
E: 40 g, F: 26 g, Kh: 19 g, kJ: 2198, kcal: 524

- **1 große Spanferkelkeule mit Knochen (2,8 kg) oder 2 mittelgroße Keulen (je 1 1/2 kg)**
- **Salz, Pfeffer**
- **2 Möhren**
- **250 g Knollensellerie**
- **2 große Zwiebeln**
- **5 EL Speiseöl**
- **2 TL gerebelter Thymian**
- **2 TL gerebelter Majoran**
- **etwa 125 ml (1/8 l) Wasser**
- **250 g entsteinte Backpflaumen**
- **200 ml trockener Rotwein**
- **200 ml Rinderbrühe**

1 Spanferkelkeule(n) unter fließendem kalten Wasser abspülen, trockentupfen und mit Salz und Pfeffer einreiben. Möhren und Sellerie putzen, schälen und waschen. Zwiebeln abziehen. Die 3 Zutaten in grobe Würfel schneiden.

2 Öl in einen großen Bräter oder eine Fettfangschale geben. Die Keule(n) mit der Schwarte nach oben hineinlegen. Die Gemüsewürfel hinzufügen und alles mit Thymian und Majoran bestreuen. Die Fettfangschale (den Bräter ohne Deckel auf dem Rost) in den Backofen schieben.

Ober-/Unterhitze:
etwa 200 °C (vorgeheizt)
Heißluft: etwa 180 °C (vorgeheizt)
Gas: Stufe 3–4 (vorgeheizt)
Garzeit: etwa 90 Min. für die große Keule, etwa 60 Min. für die mittelgroßen Keulen

3 Während der Gesamtgarzeit nach und nach das Wasser hinzufügen.

4 Backpflaumen und die Hälfte des Weins und der Rinderbrühe hinzufügen und alles **noch weitere 90 Minuten (große Keule) bzw. 60 Minuten (mittelgroße Keulen) garen**.

5 Die gare(n) Keule(n) aus dem Bräter (aus der Fettfangschale) nehmen und warm stellen. Den restlichen Rotwein und die restliche Brühe zu der Garflüssigkeit geben und evtl. etwas einkochen lassen. Die Sauce mit den Gewürzen abschmecken und zu der (den) Spanferkelkeule(n) reichen.

Tipp:
Nach Belieben die Sauce mit Backpflaumen und Gemüse pürieren.

Beilage:
In zerlassener Butter, Kümmel und gehackter Petersilie geschwenkte kleine Pellkartoffeln und **Spitzkohlgemüse.** Dafür von 1 kg Spitzkohl die äußeren welken Blätter entfernen, den Kohl vierteln, den Strunk herausschneiden, den Kohl abspülen, abtropfen lassen und in etwa 1 cm breite Streifen schneiden. 300 g Möhren und 100 g Knollensellerie putzen, schälen, waschen und in Streifen schneiden. 2 Zwiebeln abziehen, halbieren und ebenfalls in Streifen schneiden. 500 g Birnen schälen, vierteln, entkernen und der Länge nach in dünne Spalten schneiden. 40 g Butterschmalz in einem Topf erhitzen. Zwiebel-, Möhren- und Selleriestreifen darin andünsten. Das Gemüse salzen, 100 ml Gemüsebrühe hinzufügen und das Gemüse etwa 8 Minuten zugedeckt garen. Die Birnenspalten dazugeben und alles weitere 10 Minuten zugedeckt garen. 125 ml (1/8 l) Schlagsahne zu dem Gemüse geben, kurz aufkochen lassen und mit Salz und Pfeffer abschmecken. 2 Esslöffel Schnittlauchröllchen unterheben.

Hackbraten mit Kürbiskernen

Zubereitungszeit: 50 Min.
Gesamtgarzeit: etwa 90 Min.

Pro Portion:
E: 50 g, F: 54 g, Kh: 13 g,
kJ: 3338, kcal: 797

- **2 Brötchen (Semmeln) vom Vortag**
- **200 g rote Zwiebeln**
- **1½ kg Schweinegehacktes**
- **Salz**
- **frisch gemahlener Pfeffer**
- **4 Eier (Größe M)**
- **90 g geschälte Kürbiskerne**
- **2 EL mittelscharfer Senf**
- **200 g geraspelter Mozzarella-Käse**
- **4 EL Semmelbrösel (möglichst aus Brötchen)**
- **1 TL gerebelter Thymian**
- **700 g Tomaten**
- **1 Bund Frühlingszwiebeln**
- **1 Bund Basilikum**

Beilage:

Bandnudeln (Tagliatelle, etwa 750 g) oder frisches Landbrot.

1 Brötchen in reichlich kaltem Wasser einweichen. Zwiebeln abziehen und in feine Würfel schneiden. Schweinegehacktes in eine große Schüssel geben und mit Salz und Pfeffer würzen.

2 Brötchen gut ausdrücken, mit Zwiebelwürfeln, Eiern, Kürbiskernen und Senf zu dem Fleisch geben und kräftig durchmengen.

3 Mozzarella, Semmelbrösel und Thymian untermischen, die Masse zu einem Laib formen und in eine Fettfangschale legen. Die Fettfangschale in den Backofen schieben.

Ober-/Unterhitze:
etwa 180 °C (vorgeheizt)
Heißluft: etwa 160 °C (vorgeheizt)
Gas: Stufe 2–3 (vorgeheizt)
Garzeit: etwa 50 Min.

4 In der Zwischenzeit Tomaten waschen, abtrocknen, vierteln, die Stängelansätze herausschneiden und Tomaten in grobe Würfel schneiden.

5 Frühlingszwiebeln putzen, waschen und in feine Ringe schneiden. Basilikum abspülen, trockentupfen, die Blättchen von den Stängeln zupfen und in feine Streifen schneiden.

6 **Die Backofentemperatur um etwa 20 °C (Gas um etwa 1 Stufe) reduzieren**, die Tomatenwürfel zum Braten geben und **alles noch weitere 40 Minuten garen**.

7 Den garen Braten aus der Fettfangschale nehmen, auf eine Platte legen, zugedeckt etwa 10 Minuten ruhen lassen. Frühlingszwiebelringe in die Fettfangschale geben und im ausgeschalteten Backofen etwa 10 Minuten miterhitzen.

8 Basilikumstreifen über das Tomatengemüse streuen. Den Hackbraten in Scheiben schneiden und mit dem Tomatengemüse servieren.

Tipp:

Sie können auch bereits gewürztes Schweinegehacktes (Mett, Thüringer Mett oder Hackepeter) verwenden. Das muss nicht mehr zusätzlich gesalzen und gepfeffert werden. Übrig gebliebener Braten schmeckt auch kalt am nächsten Tag.

Bäckerbraten

Zubereitungszeit: 50 Min.
Gesamtgarzeit: etwa 2 Std. 40 Min.

Pro Portion:
E: 57 g, F: 42 g, Kh: 12 g, kJ: 2943, kcal: 702

- **2 Stücke Schweinefleisch (je 1,2 kg, aus der Oberschale)**
- **Salz**
- **frisch gemahlener Pfeffer**
- **4 EL Speiseöl**
- **3 Zwiebeln**
- **4 Möhren**
- **etwa 375 ml (3/8 l) Fleischbrühe**

Für die Brotkruste:

- **8 Scheiben Toastbrot**
- **80 g Butter**
- **2 EL gemischte gehackte Kräuter, z. B. Petersilie, Schnittlauch**
- **2 Eier (Größe M)**
- **Worcestersauce**
- **1 EL mittelscharfer Senf**

1 Schweinefleisch unter fließendem kalten Wasser abspülen, trockentupfen und mit Salz und Pfeffer einreiben. Die Fleischstücke in eine Fettfangschale legen und mit Öl einstreichen. Die Fettfangschale in den Backofen schieben.

Ober-/Unterhitze:
etwa 220 °C (vorgeheizt)
Heißluft: etwa 200 °C (vorgeheizt)
Gas: Stufe 4–5 (vorgeheizt)
Garzeit: etwa 40 Min.

2 In der Zwischenzeit Zwiebeln abziehen. Möhren putzen, schälen und waschen. Beide Zutaten in Stücke schneiden.

3 **Die Backofentemperatur um 20–40 °C (Gas um 1–2 Stufen) reduzieren**, Möhren- und Zwiebelstücke um das Fleisch legen, etwas von der Fleischbrühe angießen und **das Fleisch noch weitere 60 Minuten garen**, dabei verdampfte Flüssigkeit nach und nach durch Fleischbrühe ersetzen.

4 In der Zwischenzeit für die Brotkruste Toastbrot entrinden und in Würfel schneiden. Butter in einer Pfanne zerlassen, die Brotwürfel darin anrösten und etwas abkühlen lassen.

5 Die Brotwürfel dann mit Kräutern und Eiern vermischen und mit Salz, Pfeffer, Worcestersauce und Senf würzen.

6 Die Brotmischung auf dem Fleisch verteilen, etwas andrücken und **die Fleischstücke noch weitere 60 Minuten garen**.

7 Das gare Fleisch aus der Fettfangschale nehmen und zugedeckt warm stellen. Evtl. etwas Wasser zu dem Bratensatz geben, alles mit dem Gemüse in einen Topf geben, pürieren, erhitzen und mit den Gewürzen abschmecken.

8 Das Fleisch in Scheiben schneiden und mit der Sauce servieren.

Beilage:
Rotkohl und Kartoffelklöße.

Mariniertes Kräuterfleisch

Zubereitungszeit: 40 Min., ohne Durchziehzeit
Garzeit: etwa 10 Min. für das Schweinefilet, für das Roastbeef etwa 25 Min.

Pro Portion:
E: 30 g, F: 18 g, Kh: 1 g, kJ: 1209, kcal: 289

- **600 g Schweinefilet**
- **600 g Roastbeef**
- **Salz**
- **frisch gemahlener Pfeffer**
- **6 EL Speiseöl**
- **etwa 125 ml (1/8 l) Wasser**

Für die Marinade:

- **6 EL Speiseöl**
- **4 EL Rotweinessig**
- **2 TL Dijon-Senf**
- **3 TL rosa Pfefferbeeren**
- **2 EL gehackte Petersilie**
- **2 EL gehackter Dill**
- **2 EL gehackter Kerbel**
- **2 EL feine Schnittlauchröllchen**

1 Schweinefilet und Roastbeef unter fließendem kalten Wasser abspülen und trockentupfen. Das Schweinefilet evtl. enthäuten, das Roastbeef evtl. entfetten. Beide Fleischsorten mit Salz und Pfeffer bestreuen.

2 Öl in einem Bräter erhitzen. Das Fleisch darin von allen Seiten anbraten, dann mit Wasser ablöschen. Den Bräter ohne Deckel auf dem Rost in den Backofen schieben.

Ober-/Unterhitze: 200–220 °C (vorgeheizt)
Heißluft: 180–200 °C (vorgeheizt)
Gas: etwa Stufe 4 (vorgeheizt)
Garzeit: etwa 10 Min. für das Schweinefilet, etwa 25 Min. für das Roastbeef

3 Das Fleisch aus dem Bräter nehmen und etwa 10 Minuten zugedeckt ruhen lassen. Es dann in etwa 1/2 cm dicke Scheiben schneiden (evtl. mit einer Aufschnittmaschine), mit dem Bratensatz in eine Schüssel geben und mit Salz und Pfeffer bestreuen.

4 Für die Marinade Öl mit Essig, Senf und Pfefferbeeren verrühren und mit Salz und Pfeffer würzen. Petersilie, Dill, Kerbel und Schnittlauch unterrühren. Die Marinade mit dem Fleisch vermengen und mindestens 3–4 Stunden durchziehen lassen, dabei das Fleisch gelegentlich wenden.

5 Das Kräuterfleisch vor dem Servieren evtl. nochmals mit Salz, Pfeffer und Rotweinessig abschmecken und mit der Marinade auf einer Platte anrichten.

Beilage:
Baguette und Salat.

Vorbereitungstipp:
Sie können das Fleisch bereits am Vortag zubereiten und über Nacht marinieren.

Tipp:
Anstelle der frischen Kräuter können Sie auch 2 Päckchen (je 25 g) TK-Kräuter verwenden.

Asiatische Hackfleischpizza

Zubereitungszeit: 85 Min.
Garzeit: etwa 60 Min.

Pro Portion:
E: 40 g, F: 51 g, Kh: 25 g,
kJ: 3202, kcal: 764

- **2 Brötchen (Semmeln) vom Vortag**
- **1 Glas Tomatenpaprika (Abtropfgewicht 165 g)**
- **1 große Dose Ananasscheiben (Abtropfgewicht 500 g)**
- **100 g geröstete, gesalzene Erdnusskerne**
- **2 Zwiebeln**
- **4 Knoblauchzehen**
- **3 Frühlingszwiebeln**
- **1½ kg gemischtes Gehacktes (halb Rind-, halb Schweinefleisch)**
- **2 Eier (Größe M)**
- **Salz, Pfeffer**
- **Paprikapulver rosenscharf**
- **2 TL Currypulver**
- **Cayennepfeffer**

Für die Tomatensauce:

- **3 Frühlingszwiebeln**
- **2 Knoblauchzehen**
- **3 EL Sesamöl**
- **1 Pck. (500 g) passierte Tomaten**
- **Ananassaft (von den Ananasscheiben)**
- **Chilipulver**
- **Cayennepfeffer**
- **3 EL Sojasauce**
- **2–3 EL Honig**

1 Brötchen in kaltem Wasser einweichen. Tomatenpaprika und Ananasscheiben getrennt in Siebe geben und abtropfen lassen, dabei den Ananassaft für die Sauce auffangen. Tomatenpaprika in Streifen, Ananas in kleine Stücke schneiden. Erdnusskerne grob hacken.

2 Zwiebeln und Knoblauchzehen abziehen und fein würfeln. Frühlingszwiebeln putzen, waschen und in feine Ringe schneiden.

3 Die eingeweichten Brötchen kräftig ausdrücken und mit Gehacktem, Eiern, Zwiebel- und Knoblauchwürfeln gründlich verkneten. Frühlingszwiebelringe, Tomatenpaprikastreifen, Erdnusskerne und die Hälfte der Ananasstücke zugeben und unterkneten.

4 Die Masse kräftig mit Salz, Pfeffer, Paprikapulver, Currypulver und Cayennepfeffer würzen, in einer mit Speiseöl ausgestrichenen Fettfangschale (30 x 40 cm) verteilen und glatt streichen. Die Fettfangschale in den Backofen schieben.

Ober-/Unterhitze:
etwa 180 °C (vorgeheizt)
Heißluft: etwa 160 °C (vorgeheizt)
Gas: Stufe 2–3 (vorgeheizt)
Garzeit: etwa 60 Min.

5 In der Zwischenzeit für die Tomatensauce Frühlingszwiebeln putzen, waschen und in feine Ringe schneiden. Knoblauch abziehen und würfeln.

6 Öl in einem Topf erhitzen. Frühlingszwiebelringe und Knoblauchwürfel darin andünsten. Die passierten Tomaten und etwas von dem aufgefangenen Ananassaft hinzufügen, zum Kochen bringen und unter Rühren etwas einkochen lassen.

7 Die Sauce mit Chilipulver, Cayennepfeffer, Sojasauce und Honig würzen, die restlichen Ananasstücke unterheben und darin erhitzen. Die Sauce evtl. nochmals mit den Gewürzen süß-scharf abschmecken.

8 Die gare Hackfleischpizza aus dem Backofen nehmen und falls sich Flüssigkeit gebildet hat, diese abgießen. Die Hackfleischpizza in Stücke schneiden und mit der Sauce servieren.

Sauerbraten Brackweder Art

Zubereitungszeit: etwa 75 Min., ohne Marinierzeit
Gesamtgarzeit: etwa 2½ Std.

Pro Portion:
E: 50 g, F: 8 g, Kh: 13 g, kJ: 1398, kcal: 335

- **2 kg Rindfleisch (aus der Oberschale)**
- **200 g Zwiebeln**
- **300 g Möhren**
- **200 g Knollensellerie**
- **1 Stange Porree (Lauch)**

Für die Marinade:
- **5 Lorbeerblätter**
- **10 Gewürznelken**
- **½ EL schwarze Pfefferkörner**
- **2 EL brauner Zucker**
- **2 TL Salz**
- **200 ml Balsamico-Essig**
- **150 ml Weißweinessig**
- **600 ml Wasser**

- **2 EL Speiseöl**
- **2 EL Tomatenmark**
- **4 EL Johannisbergelee**

- **Beilage:**

Kartoffelklöße und Rotkohl.

1 Rindfleisch unter fließendem kalten Wasser abspülen und trockentupfen. Zwiebeln abziehen. Möhren und Sellerie putzen, schälen, waschen und abtropfen lassen. Porree putzen, gründlich waschen und abtropfen lassen. Die 4 Zutaten in etwa 1 cm große Stücke schneiden und mit dem Fleisch in eine große Schüssel geben.

2 Für die Marinade Lorbeerblätter, Nelken, Pfefferkörner, Zucker, Salz, beide Essigsorten und Wasser gut verrühren und ebenfalls in die Schüssel geben. Die Schüssel zugedeckt 3–6 Tage im Kühlschrank stehen lassen, dabei das Fleisch einmal täglich wenden.

3 Öl in einem großen Bräter erhitzen. Das Fleisch aus der Marinade nehmen, gut trockentupfen und in den Bräter geben. Den Bräter ohne Deckel auf dem Rost in den Backofen schieben und den Braten darin anbraten.

Ober-/Unterhitze:
etwa 220 °C (vorgeheizt)
Heißluft: etwa 200 °C (vorgeheizt)
Gas: Stufe 4–5 (vorgeheizt)
Garzeit: etwa 30 Min.

4 In der Zwischenzeit die Marinade durch ein Sieb gießen, dabei die Flüssigkeit auffangen.

5 Das Gemüse um das Fleisch in den Bräter legen. Etwas von der Marinade mit Tomatenmark vermischen und zugeben. **Die Backofentemperatur um etwa 40 °C (Gas um etwa 2 Stufen) reduzieren und Fleisch und Gemüse weitere 2 Stunden garen.**

6 Während der Garzeit nach und nach etwas von der Marinade hinzufügen. Den Braten zwischendurch wenden und mit der Marinade begießen. Kurz vor Ende der Garzeit das Johannisbeergelee zugeben.

7 Das gare Fleisch aus dem Bräter nehmen und zugedeckt etwa 10 Minuten ruhen lassen. Die Garflüssigkeit mit dem Gemüse durch ein Sieb streichen und evtl. mit Salz und Pfeffer abschmecken.

8 Das Fleisch in Scheiben schneiden. Evtl. ausgetretenen Fleischsaft unter die Sauce rühren. Das Fleisch mit der Sauce servieren.

Bœuf à la mode (Rindfleisch in Rotwein)

Zubereitungszeit: 95 Min., ohne Marinierzeit
Garzeit: etwa 2 Std.

Pro Portion:
E: 51 g, F: 45 g, Kh: 10 g, kJ: 3048, kcal: 729

Für die Marinade:
- **4 mittelgroße Zwiebeln**
- **250 g Möhren**
- **1 Bund glatte Petersilie**
- **5 Knoblauchzehen**
- **1 Flasche (700 ml) Rotwein**
- **50 ml Cognac**
- **2 Lorbeerblätter**
- **1 TL gerebelter Thymian**
- **Salz, Pfeffer**

- **2 Stücke Rindfleisch (je gut 1 kg, aus der Hüfte)**
- **100 g durchwachsener Speck**
- **4 Tomaten**
- **1 Stange Porree (Lauch)**
- **60 g Schweineschmalz**
- **1 Stück Speckschwarte**
- **250 ml (1/4 l) Fleischbrühe**

Für das Gemüse:
- **30 kleine Zwiebeln (400 g)**
- **1 Bund Möhren (500 g)**
- **100 g durchwachsener Speck**
- **40 g Butter**
- **etwas Zucker**
- **2 EL gehackte Petersilie**
- **60 g kalte Butter**

1 Für die Marinade Zwiebeln abziehen und in Scheiben schneiden. Möhren putzen, schälen, waschen und grob zerkleinern. Petersilie abspülen, trockentupfen und fein hacken. Knoblauch abziehen und durch die Knoblauchpresse drücken. Rotwein mit Cognac, Zwiebelscheiben, Möhrenstücken, Petersilie, Knoblauch, Lorbeerblättern, Thymian, Salz und Pfeffer verrühren.

2 Rindfleisch unter fließendem kalten Wasser abspülen, trockentupfen und in eine Schüssel legen. Die Marinade darüber geben und das Fleisch zugedeckt über Nacht im Kühlschrank marinieren.

3 Speck grob würfeln. Tomaten waschen, abtrocknen, die Stängelansätze herausschneiden und Tomaten achteln. Porree putzen, längs halbieren, gründlich waschen, abtropfen lassen, in große Stücke schneiden.

4 Das Rindfleisch aus der Marinade nehmen, abtropfen lassen und etwas trockentupfen. Die Marinade durch ein Sieb gießen. Schmalz in einem Bräter erhitzen. Das Fleisch darin rundherum goldbraun braten. Die Speckwürfel hinzufügen und mit anbraten. Tomatenachtel, Porreestücke und Speckschwarte zum Fleisch geben. Brühe und etwas von der Marinade hinzugießen und aufkochen lassen. Den Bräter ohne Deckel auf dem Rost in den Backofen schieben.

Ober-/Unterhitze: etwa 180 °C (vorgeheizt)
Heißluft: etwa 160 °C (vorgeheizt)
Gas: Stufe 2–3 (vorgeheizt)
Garzeit: etwa 2 Std.

5 Während der Garzeit nach und nach die restliche Brühe und Marinade hinzufügen.

6 In der Zwischenzeit für das Gemüse Zwiebeln abziehen und evtl. halbieren. Möhren putzen, schälen, waschen und in Stücke schneiden. Speck in Würfel schneiden.

7 Die Speckwürfel in einer Pfanne oder einem Topf auslassen. Butter hinzufügen und Zwiebeln und Möhrenscheiben darin goldbraun braten. Das Gemüse etwas salzen, mit Zucker würzen und mit Petersilie bestreuen.

(Fortsetzung Seite 50)

8 Das gare Fleisch aus dem Bräter nehmen und etwa 10 Minuten zugedeckt ruhen lassen. Die Sauce durch ein feines Sieb streichen, Butter in Stückchen unterschlagen und die Sauce abschmecken.

9 Das Fleisch in dünne Scheiben schneiden. Gemüse und Sauce dazu servieren.

Beilage:
Kartoffel- oder Semmelknödel und Spitzkohlgemüse (Rezept Seite 36).

Jägerrouladen

Zubereitungszeit: 65 Min.
Schmorzeit: etwa 90 Min.

Pro Portion:
E: 57 g, F: 72 g, Kh: 5 g, kJ: 4084, kcal: 974

- **4 große Scheiben Rindfleisch (je etwa 500 g, aus der Keule)**
- **Salz**
- **frisch gemahlener Pfeffer**
- **300 g Schwarzwälder Speck in Scheiben**
- **4 Zwiebeln**
- **1 kg Champignons**
- **250 g Schwarzwälder Speck**
- **3 große Möhren**
- **3 Knoblauchzehen**
- **3 EL gehackte Petersilie**
- **60 g Butterschmalz**
- **250 ml (1/4 l) Weißwein**
- **125 ml (1/8 l) Fleischbrühe**
- **250 ml (1/4 l) Schlagsahne**

Außerdem:
- **Küchengarn**

1 Rindfleischscheiben kurz unter fließendem kalten Wasser abspülen, trockentupfen, mit Salz und Pfeffer bestreuen und mit den Speckscheiben belegen.

2 Zwiebeln abziehen und würfeln. Champignons putzen, mit Küchenpapier abreiben, evtl. abspülen und in Scheiben schneiden. Speck in Würfel schneiden. Möhren putzen, schälen, waschen und in Würfel schneiden. Knoblauch abziehen und durch die Knoblauchpresse drücken.

3 Die Speckwürfel in einer Pfanne ausbraten. Zwiebelwürfel und die Hälfte der Champignonscheiben darin etwa 5 Minuten gar dünsten. Petersilie unterrühren. Die Masse gleichmäßig auf das Fleisch streichen, das Fleisch von der schmalen Seite her aufrollen und mit Küchengarn umwickeln.

4 Butterschmalz in einem großen Bratentopf zerlassen. Die Rouladen von allen Seiten darin anbraten.

5 Möhrenwürfel und Knoblauch zu dem Fleisch geben, etwas Wein und Brühe hinzugießen und das Fleisch etwa 80 Minuten zugedeckt schmoren, dabei gelegentlich wenden und nach und nach den restlichen Wein und die restliche Brühe hinzugießen.

6 Die restlichen Champignonscheiben hinzufügen und alles noch etwa 10 Minuten schmoren lassen.

7 Das gare Fleisch aus dem Bratentopf nehmen und etwa 10 Minuten zugedeckt ruhen lassen. Das Fleisch dann in Scheiben schneiden und warm stellen. Sahne unter die Schmorflüssigkeit rühren, evtl. etwas einkochen lassen und abschmecken. Die Sauce zu dem Fleisch servieren.

Gekochte Rinderbrust

10–12 Portionen
Zubereitungszeit: 60 Min., ohne Abkühlzeit
Kochzeit: 2¾–3¼ Std.

Pro Portion:
E: 42 g, F: 61 g, Kh: 4 g, kJ: 3283, kcal: 783

- **250 g Möhren**
- **1 Petersilienwurzel (150 g)**
- **200 g Knollensellerie**
- **200 g Fenchel**
- **1 Stange Porree (Lauch, 200 g)**
- **1½ l Wasser**
- **2 Lorbeerblätter**
- **1 EL weiße Pfefferkörner**
- **5 Thymianzweige**
- **2½ kg Rinderbrust (gepökelt, beim Metzger vorbestellen)**
- **2–3 Töpfe Basilikum**
- **125 ml (⅛ l) Schlagsahne**
- **100 g Schmand**
- **Salz**
- **frisch gemahlener Pfeffer**

1 Möhren, Petersilienwurzel und Sellerie putzen, schälen, waschen und in kleine Stücke schneiden. Vom Fenchel die Stiele dicht oberhalb der Knolle abschneiden, braune Stellen und Blätter entfernen, Fenchel waschen, halbieren und in Würfel schneiden.

2 Porree putzen, längs halbieren, gründlich waschen, abtropfen lassen und in Streifen schneiden.

3 Wasser, Lorbeerblätter, Pfefferkörner, abgespülte Thymianzweige und das vorbereitete Gemüse in einen großen Topf geben, zum Kochen bringen und bei schwacher Hitze etwa 15 Minuten zugedeckt kochen lassen.

4 In der Zwischenzeit Rinderbrust unter fließendem kalten Wasser abspülen und mit in den Topf geben. Alles wieder zum Kochen bringen und abschäumen. Das Fleisch 2½–3 Stunden mit nicht fest aufgelegtem Deckel bei schwacher Hitze gar ziehen lassen. Das Fleisch dann herausnehmen, in Alufolie wickeln und erkalten lassen.

5 Die Kochflüssigkeit durch ein Sieb gießen, im offenen Topf auf 1 Liter einkochen und erkalten lassen. Die Flüssigkeit dann entfetten und 400 ml davon abmessen.

6 Basilikum abspülen, trockentupfen, die Blättchen von den Stängeln zupfen und hacken. Sahne steif schlagen. Sahne, Schmand und Basilikum mit der abgemessenen Kochflüssigkeit verrühren und mit Salz und Pfeffer abschmecken.

7 Rinderbrust in Scheiben schneiden, dabei das Fett entfernen. Das Fleisch mit der Sauce servieren.

Beilage:
Tomatensalat (Rezept Seite 6) und Nudelsalat (Rezept Seite 8).

Tipp:
Die restliche Kochbrühe können Sie einfrieren und anstelle von Fleischbrühe anderweitig verwenden.

Vorbereitungstipp:
Sie können Rinderbrust und Kochflüssigkeit bereits am Vortag bis einschließlich Punkt 5 zubereiten. (Das Fleisch dann evtl. im eingekochten Sud abkühlen lassen.) Am Verzehrtag dann die Sauce zubereiten und das Fleisch aufschneiden.

Tomatenschmorbraten

Zubereitungszeit: 70 Min., ohne Abkühl- und Marinierzeit
Gesamtgarzeit: etwa 2 3/4 Std.

Pro Portion:
E: 46 g, F: 30 g, Kh: 10 g, kJ: 2344, kcal: 560

Für die Marinade:

- **4 Zwiebeln**
- **3 Knoblauchzehen**
- **500 g Knollensellerie**
- **2 Möhren**
- **je 2 Thymian-, Rosmarin- und Majoranzweige**
- **1 Bund glatte Petersilie**
- **5 EL Olivenöl**
- **500 ml (1/2 l) Rotwein**

- **1,8 kg Rindfleisch (aus der Keule)**
- **Salz**
- **frisch gemahlener Pfeffer**
- **1 TL Thymianblättchen**
- **3 Knoblauchzehen**
- **5 EL Olivenöl**
- **250 g Knollensellerie**
- **250 g Möhren**
- **10 kleine Zwiebeln**
- **750 g Tomaten**
- **2 EL Tomatenmark**
- **1 Prise Zucker**

1 Für die Marinade Zwiebeln abziehen und evtl. vierteln. Knoblauch abziehen und würfeln. Sellerie und Möhren putzen, schälen, waschen und in grobe Würfel schneiden. Kräuterzweige und Petersilie abspülen und trockentupfen. Die Kräuter evtl. zu einem großen Bund zusammenbinden, dann lassen sie sich später besser aus der Marinade entfernen.

2 Öl in einem Topf erhitzen. Zwiebeln, Knoblauch-, Sellerie- und Möhrenwürfel darin andünsten. Die Kräuter mit dem Wein zu dem Gemüse geben, zum Kochen bringen, etwa 5 Minuten kochen und erkalten lassen.

3 Rindfleisch unter fließendem kalten Wasser abspülen, trockentupfen und in eine Schüssel legen. Die Marinade darüber geben und das Fleisch etwa 24 Stunden darin marinieren, dabei zwischendurch wenden.

4 Das Fleisch aus der Marinade nehmen, gut trockentupfen, mit Salz und Pfeffer würzen und Thymianblättchen darauf geben. Die Kräuter aus der Marinade entfernen und Marinade und Gemüse beiseite stellen.

5 Knoblauch abziehen und durch die Knoblauchpresse drücken. Öl in einem Bräter erhitzen. Das Fleisch darin rundherum anbraten. Dann Knoblauch darauf verteilen.

6 Sellerie und Möhren putzen, schälen, waschen und würfeln. Zwiebeln abziehen. Die Zutaten zum Fleisch geben und andünsten.

7 Die Hälfte der Marinade und das Gemüse aus der Marinade zu dem Fleisch geben. Den Bräter ohne Deckel auf dem Rost in den Backofen schieben.

Ober-/Unterhitze: etwa 200 °C (vorgeheizt)
Heißluft: etwa 180 °C (vorgeheizt)
Gas: Stufe 3–4 (vorgeheizt)
Garzeit: etwa 2 1/2 Std.

8 Während der Garzeit nach und nach die restliche Marinade hinzugießen und das Fleisch gelegentlich wenden.

9 In der Zwischenzeit Tomaten waschen, abtropfen lassen, kreuzweise einschneiden, kurz in kochendes Wasser legen und in kaltem Wasser abschrecken. Tomaten enthäuten, die Stängelansätze he-

(Fortsetzung Seite 56)

rausschneiden und Tomaten in Würfel schneiden. Tomatenwürfel zu dem Fleisch geben und **alles noch weitere 15 Minuten garen**.

10 Den garen Braten aus dem Bräter nehmen und etwa 10 Minuten zugedeckt ruhen lassen. Ihn dann in Scheiben schneiden und auf einer vorgewärmten Platte anrichten. Tomatenmark unter die Sauce rühren und mit Salz, Pfeffer und Zucker abschmecken. Sauce mit dem Gemüse zu dem Braten reichen.

■ **Beilage:**
Endiviensalat und Salzkartoffeln.

Kräuter-Roastbeef

Zubereitungszeit: 35 Min., ohne Marinierzeit
Garzeit: etwa 2 Std.

Pro Portion:
E: 30 g, F: 24 g, Kh: 1 g, kJ: 1454, kcal: 348

- **1,2 kg Roastbeef (im Stück)**

Für die Marinade:

- **4 Knoblauchzehen**
- **1 Bund glatte Petersilie**
- **3 Staudensellerieblätter**
- **1 EL gehacktes Basilikum**
- **1 TL gerebelter Majoran**
- **1 TL gerebelter Thymian**
- **125 ml (1/8 l) Speiseöl**
- **2 TL mittelscharfer Senf**
- **Salz**
- **frisch gemahlener Pfeffer**

- **4 EL Speiseöl**

1 Roastbeef unter fließendem kalten Wasser abspülen, trockentupfen und evtl. die Fettseite mit einem Messer 1 cm tief einschneiden. Das Roastbeef in eine flache Schale legen.

2 Für die Marinade Knoblauch abziehen und durch die Knoblauchpresse drücken. Petersilie abspülen, trockentupfen und die Blättchen von den Stängeln zupfen. Sellerieblätter ebenfalls abspülen und trockentupfen. Die beiden Zutaten in feine Streifen schneiden.

3 Knoblauch, sämtliche Kräuter, Öl, Senf, Salz und Pfeffer verrühren, über das Fleisch geben und das Fleisch zugedeckt darin über Nacht marinieren, dabei gelegentlich wenden.

4 Das Fleisch aus der Marinade nehmen und etwas trockentupfen, damit die Kräuter nicht verbrennen. Öl in einem Bräter erhitzen. Das Roastbeef darin rundherum gut anbraten. Den Bräter ohne Deckel auf dem Rost in den Backofen schieben.

Ober-/Unterhitze:
etwa 120 °C (vorgeheizt)
Heißluft: etwa 100 °C (vorgeheizt)
Gas: etwa Stufe 1 (vorgeheizt)
Garzeit: etwa 2 Std.

5 Während der Garzeit das Fleisch immer wieder mit der Marinade bestreichen.

6 Das gare Fleisch aus dem Bräter nehmen und etwa 10 Minuten zugedeckt ruhen lassen. Das Fleisch dann in dünne Scheiben schneiden und lauwarm oder kalt servieren.

■ **Beilage:**
Remouladensauce und Baguette.

■ **Tipp:**
Bei der geringen Hitzezufuhr bleibt das Fleisch besonders saftig, da der Fleischsaft nicht austritt, sondern im Fleisch verbleibt.

Tafelspitz mit zwei Saucen

Zubereitungszeit: 75 Min.
Garzeit: $2^1/_2$ Std.

Pro Portion:
E: 57 g, F: 68 g, Kh: 34 g,
kJ: 4139, kcal: 989

- **2,2 kg Tafelspitz (Rindfleisch aus der Hüfte)**
- **$3^1/_2$ l kochendes Salzwasser**
- **1 Lorbeerblatt**
- **einige Pfefferkörner**
- **2 Zwiebeln**
- **2 Knoblauchzehen**
- **6 mittelgroße Möhren**
- **750 g Knollensellerie**
- **1,2 kg Kartoffeln**
- **Salz**
- **5 Stangen Porree (Lauch)**
- **5 hart gekochte Eier**

Für die Schnittlauchsauce:

- **1 Brötchen**
- **2 ganz frische rohe Eigelb (Größe M)**
- **2 EL Kräuteressig**
- **Salz, Pfeffer**
- **200 ml Speiseöl**
- **2 EL Schnittlauchröllchen**
- **einige Spritzer Zitronensaft**
- **etwas Zucker**

Für die Meerrettichsauce:

- **2 Becher (je 150 g) Crème fraîche**
- **3–4 EL geriebener Meerrettich (aus dem Glas)**
- **Salz, Pfeffer**
- **etwas Zucker**
- **einige Spritzer Zitronensaft**

1 Tafelspitz unter fließendem kalten Wasser abspülen, in das Salzwasser geben, wieder zum Kochen bringen, abschäumen, Lorbeerblatt und Pfefferkörner hinzufügen. Zwiebeln und Knoblauch abziehen, zu dem Fleisch geben und alles etwa 2 Stunden zugedeckt schwach kochen lassen.

2 In der Zwischenzeit Möhren und Sellerie putzen, schälen und waschen. Sellerie achteln. Kartoffeln waschen, schälen und abspülen. Die 3 Zutaten in Scheiben schneiden, zum Fleisch geben, evtl. mit Salz würzen und alles weitere 15 Minuten kochen lassen.

3 Porree putzen, die Stangen längs halbieren, gründlich waschen, abtropfen lassen, zu dem Fleisch geben und nochmals etwa 15 Minuten kochen lassen.

4 Das gare Fleisch aus der Brühe nehmen und etwa 10 Minuten zugedeckt ruhen lassen. Das Fleisch dann in Scheiben schneiden und mit dem Gemüse auf einer vorgewärmten Platte anrichten. Eier pellen, Eigelb herauslösen und für die Schnittlauchsauce verwenden, Eiweiß hacken, über das Fleisch streuen und das Fleisch warm stellen.

5 Für die Schnittlauchsauce von dem Brötchen die Rinde (Kruste) abschneiden, das Brötcheninnere in kaltem Wasser einweichen, gut ausdrücken und durch ein Sieb streichen.

6 Die hart gekochten Eigelbe ebenfalls durch ein Sieb streichen, mit dem rohen Eigelb, Essig, Salz und Pfeffer verrühren und gut mit einem Schneebesen durchschlagen. Die Brötchenmasse unterrühren. Nach und nach Öl unterschlagen. Schnittlauchröllchen unterrühren und die Sauce mit Salz, Pfeffer, Zitronensaft und Zucker abschmecken.

7 Für die Meerrettichsauce Crème fraîche mit Meerrettich verrühren und mit Salz, Pfeffer, Zucker und Zitronensaft würzen.

8 Die beiden Saucen zu dem Fleisch servieren.

Riesenroulade

Zubereitungszeit: 65 Min.
Gesamtgarzeit: etwa 90 Min.

Pro Portion:
E: 61 g, F: 63 g, Kh: 6 g,
kJ: 3726, kcal: 889

- **8 große Rinderrouladen (je etwa 180 g)**
- **3 geh. EL Dijon-Senf**
- **Salz**
- **frisch gemahlener Pfeffer**
- **etwa 200 g durchwachsener Speck in Scheiben**
- **6 Möhren**
- **2 Gläser Champignonscheiben (Abtropfgewicht je 340 g)**
- **1 kg Bratwurstbrät**
- **2 Eier (Größe M)**
- **2 EL gehackte gemischte Kräuter, z. B. Petersilie, Schnittlauch**
- **2 EL Speiseöl**
- **4 Zwiebeln**
- **evtl. etwas Wasser**
- **125 ml (1/8 l) Schlagsahne**

Außerdem:

- **Küchengarn**

1 Die Rinderrouladen auf der Arbeitsfläche so nebeneinander legen, dass sich die Längsseiten leicht überlappen und eine große Fleischplatte entsteht. Die Fleischplatte mit Senf bestreichen und mit Salz und Pfeffer bestreuen. Die Speckscheiben darauf verteilen.

2 Möhren putzen, schälen, waschen und längs in Achtel schneiden, so dass etwa 1/2 cm dicke Stifte entstehen. Champignonscheiben in einem Sieb abtropfen lassen.

3 Bratwurstbrät aus der Haut in eine Schüssel drücken und mit Eiern, Kräutern und Champignonscheiben verrühren. Die Masse evtl. mit Salz und Pfeffer würzen und auf der Fleischplatte verteilen. Die Hälfte der Möhrenstifte darauf legen.

4 Das Fleisch von der langen Seite her aufrollen, mit Küchengarn umwickeln, in eine Fettfangschale legen und mit Öl bestreichen. Die Fettfangschale in den Backofen schieben.

Ober-/Unterhitze:
etwa 200 °C (vorgeheizt)
Heißluft: etwa 180 °C (vorgeheizt)
Gas: Stufe 3–4 (vorgeheizt)
Garzeit: etwa 30 Min.

5 In der Zwischenzeit Zwiebeln abziehen und in grobe Stücke schneiden.

6 **Die Backofentemperatur um etwa 30 °C (Gas um 1–2 Stufen) reduzieren**, die Zwiebelstücke und die restlichen Möhrenstifte mit in die Fettfangschale legen und **Fleisch und Gemüse weitere 60 Minuten garen**. Während der Garzeit evtl. etwas Wasser hinzufügen.

7 Das gare Fleisch aus der Fettfangschale nehmen und zugedeckt etwa 10 Minuten ruhen lassen.

8 Den Bratensatz mit dem Gemüse in einen Topf geben. Sahne hinzufügen, einmal aufkochen lassen und pürieren. Evtl. noch etwas Wasser hinzufügen und die Sauce mit den Gewürzen abschmecken.

9 Das Küchengarn entfernen, das Fleisch in Scheiben schneiden, auf einer vorgewärmten Platte anrichten und mit der Sauce servieren.

Beilage:
Salzkartoffeln und Spitzkohlgemüse (Rezept Seite 36).

Karibische Hähnchen

Zubereitungszeit: etwa 65 Min.
Gesamtgarzeit: etwa 70 Min.

Pro Portion:
E: 50 g, F: 28 g, Kh: 26 g,
kJ: 2370, kcal: 567

- **3 Hähnchen (je etwa 1 kg)**
- **Salz**
- **3 Knoblauchzehen**
- **1 TL schwarze Pfefferkörner**
- **2 TL Piment (Nelkenpfeffer)**
- **½ TL Gewürznelken**
- **½ TL gemahlener Zimt**
- **2 getrocknete rote Chilischoten**
- **3 EL Speiseöl**
- **2 Bund Frühlingszwiebeln**
- **2 Mangos**
- **2 Papayas**
- **3 Bananen**
- **Saft von 5 Limetten**

Beilage:
Reis-Wildreis-Mischung.

1 Hähnchen von innen und außen unter fließendem kalten Wasser abspülen, trockentupfen und von innen und außen salzen. Knoblauch abziehen, durch die Knoblauchpresse drücken, die Hähnchen damit einreiben und nebeneinander in eine Fettfangschale legen.

2 Pfefferkörner, Piment, Nelken, Zimt und Chilischoten im Mörser fein zerstoßen, die Hähnchen damit einreiben und mit Öl bestreichen. Die Fettfangschale in den Backofen schieben (unterste Schiene).

Ober-/Unterhitze:
etwa 200 °C (vorgeheizt)
Heißluft: etwa 180 °C (vorgeheizt)
Gas: Stufe 3–4 (vorgeheizt)
Garzeit: etwa 45 Min.

3 In der Zwischenzeit Frühlingszwiebeln putzen, waschen und in 2 cm große Stücke schneiden. Mangos schälen, halbieren und das Fruchtfleisch vom Stein lösen bzw. schneiden. Papayas schälen, halbieren und die schwarzen Kerne mit einem Löffel herausschaben. Beide Zutaten würfeln. Bananen schälen und in Scheiben schneiden.

4 **Die Backofentemperatur um etwa 20 °C (Gas um etwa 1 Stufe) reduzieren,** den Limettensaft über die Hähnchen geben und **die Hähnchen weitere 10 Minuten garen.**

5 Dann die vorbereiteten Frühlingszwiebeln und Früchte mit in die Fettfangschale geben und **alles noch weitere 15 Minuten garen.**

6 Die garen Hähnchen tranchieren, auf einer vorgewärmten Platte anrichten und mit den Früchten servieren.

Tipp:
Sollten nicht alle Früchte mit in die Fettfangschale passen, geben Sie erst einen Teil der Früchte zu, garen die Hähnchen fertig, nehmen sie aus der Fettfangschale, geben die restlichen Früchte dazu und erwärmen sie noch etwa 5 Minuten. In der Zwischenzeit können Sie die Hähnchen tranchieren.

Kräuter-Putenbraten

Zubereitungszeit: 100 Min., ohne Ruhezeit
Gesamtgarzeit: etwa 90 Min.

Pro Portion:
E: 56 g, F: 19 g, Kh: 12 g, kJ: 1980, kcal: 473

- **1 Gemüsezwiebel**
- **1 Putenbrust (2 kg, ohne Haut und Knochen)**
- **Salz, Pfeffer**
- **4 EL Olivenöl**
- **250 ml (1/4 l) Fleischbrühe**

Zum Bestreichen und Bestreuen:

- **100 g weiche Kräuterbutter**
- **abgeriebene Schale von 1 Zitrone (unbehandelt)**
- **1 EL Olivenöl**
- **2 EL flüssiger Honig**
- **je 2–3 Thymian- und Oreganozweige**

Für die Tomatensauce:

- **2 Zwiebeln**
- **3–4 Knoblauchzehen**
- **1 Dose (400 g) geschälte Tomaten**
- **2 EL Olivenöl**
- **1 EL gerebelter Oregano**
- **2 EL Tomatenmark**
- **1–2 EL Tomatenketchup**
- **2 EL flüssiger Honig**
- **1 TL Sambal Oelek**
- **Paprikapulver edelsüß**
- **1 Topf Basilikum**

1 Gemüsezwiebel abziehen und in Spalten schneiden. Putenbrust unter fließendem kalten Wasser abspülen, trockentupfen und mit Salz und Pfeffer einreiben. Die Gemüsezwiebelspalten und die Putenbrust in einen großen Bräter legen und mit Öl bestreichen. Den Bräter ohne Deckel auf dem Rost in den Backofen schieben.

Ober-/Unterhitze:
etwa 200 °C (vorgeheizt)
Heißluft: etwa 180 °C (vorgeheizt)
Gas: Stufe 3–4 (vorgeheizt)
Garzeit: etwa 30 Min.

2 Etwas von der Fleischbrühe hinzugießen (bis zum Ende der Gesamtgarzeit die verdampfte Flüssigkeit nach und nach durch die restliche Brühe ergänzen) und **den Braten weitere 45 Minuten garen**.

3 In der Zwischenzeit Kräuterbutter mit Zitronenschale, Öl und Honig verrühren. Thymian- und Oreganozweige abspülen, trockentupfen und die Blättchen von den Stängeln zupfen.

4 Für die Tomatensauce Zwiebeln und Knoblauch abziehen und würfeln. Tomaten mit dem Saft in eine Schüssel geben und grob zerkleinern. Öl in einer Pfanne erhitzen. Zwiebel- und Knoblauchwürfel darin glasig dünsten und mit Oregano bestreuen. Tomatenmark untermengen, mit Tomatenstücken und -saft ablöschen und etwa 2 Minuten köcheln lassen.

5 Die Sauce mit Ketchup, Honig, Salz, Pfeffer, Sambal Oelek und Paprikapulver würzen. Basilikum abspülen, trockentupfen, die Blättchen von den Stängeln zupfen und in Streifen schneiden.

6 Den Braten mit der Buttermischung bestreichen. Thymian- und Oreganoblättchen darüber streuen. **Den Braten noch weitere 15 Minuten garen**.

7 Den garen Braten in Alufolie gewickelt etwa 10 Minuten ruhen lassen. Den Braten dann in Scheiben schneiden. Basilikumstreifen in die Tomatensauce geben und die Sauce zu dem Fleisch servieren.

Tipp:
Der Braten schmeckt auch kalt sehr gut.

Gans mit Geflügelfüllung

Zubereitungszeit: 65 Min.
Gesamtgarzeit: etwa 3 Std.

Pro Portion:
E: 54 g, F: 81 g, Kh: 32 g,
kJ: 4912, kcal: 1174

- **500 g Zwiebeln**
- **30 g Butter oder Margarine**
- **200 g Risottoreis, z. B. Arborio-Reis**
- **75 g Rosinen**
- **1 Döschen Safran**
- **1 Msp. gemahlene Nelken**
- **1 gestr. TL gemahlener Ingwer**
- **400 ml Gemüsebrühe**
- **1 küchenfertige Gans (etwa 3½ kg)**
- **Salz**
- **frisch gemahlener Pfeffer**
- **400 g Hähnchenbrustfilet**
- **1 Ei (Größe M)**
- **Cayennepfeffer**
- **2 Lorbeerblätter**
- **500 ml (½ l) Gemüsebrühe**
- **250 ml (¼ l) roter Portwein**
- **etwa 2 EL Saucenbinder**
- **gemahlener Zimt**

Außerdem:
- **Holzstäbchen**
- **Küchengarn**

1 Zwiebeln abziehen. ⅓ davon fein würfeln, die restlichen Zwiebeln halbieren, in Scheiben schneiden und beiseite stellen. Butter oder Margarine in einem Topf zerlassen. Reis und Zwiebelwürfel darin andünsten. Rosinen, Safran, Nelken und Ingwer unterheben. Mit Brühe auffüllen, zum Kochen bringen und etwa 10 Minuten bei milder Hitze zugedeckt vorgaren. Die Mischung dann abkühlen lassen.

2 Gans von innen und außen unter fließendem kalten Wasser abspülen, trockentupfen und mit Salz einreiben. Das Fett an der Bauchöffnung entfernen.

3 Hähnchenbrustfilet und die Gänseleber unter fließendem kalten Wasser abspülen und trockentupfen. Das Hähnchenfleisch sehr fein würfeln. Die Gänseleber würfeln. Beide Zutaten mit der Reismasse und dem Ei vermengen und mit Salz, Pfeffer und Cayennepfeffer würzen.

4 Die Gans mit der Masse füllen. Die Bauchöffnung mit Holzstäbchen und Küchengarn wie einen Schnürschuh schließen. Keulen an den Enden zusammenbinden. Die Gans mit der Brustseite nach unten in eine Fettfangschale legen und etwa 250 ml (¼ l) Brühe hinzugießen. Fettfangschale in den Backofen schieben.

Ober-/Unterhitze:
etwa 220 °C (vorgeheizt)
Heißluft: etwa 200 °C (vorgeheizt)
Gas: Stufe 4–5 (vorgeheizt)
Garzeit: etwa 30 Min.

5 **Die Backofentemperatur um etwa 20 °C (Gas um etwa 1 Stufe) reduzieren**, die Zwiebelscheiben und Lorbeerblätter um die Gans legen und **die Gans noch weitere 2½ Stunden braten**.

6 Während der Garzeit nach und nach 250 ml (¼ l) von der Gemüsebrühe und 125 ml (⅛ l) von dem Portwein über die Gans gießen. Die Gans unterhalb der Flügel und der Keulen einstechen, damit das Fett ausbraten kann.

7 Die gare Gans auf eine Platte legen und im ausgeschalteten Backofen warm halten. Die restliche Brühe in die Fettfangschale gießen, die Röststoffe lösen, den Sud durch ein Sieb in einen Topf geben und entfetten.

(Fortsetzung Seite 68)

8 Die aufgefangenen Zwiebelscheiben durch das Sieb streichen, zu dem entfetteten Sud geben und mit dem restlichen Portwein auffüllen. Die Sauce aufkochen lassen, Saucenbinder einstreuen und nochmals unter Rühren aufkochen lassen. Die Sauce mit Salz, Pfeffer und Zimt abschmecken.

9 Die Gans tranchieren und mit Füllung und Sauce servieren.

■ **Beilage:**
Spitzkohlgemüse (Rezept Seite 36) oder Rotkohl mit Klößen.

■ **Vorbereitungstipp:**
Die Gans bereits am Vortag füllen und zugedeckt im Kühlschrank aufbewahren, aber erst kurz vor dem Braten mit Salz einreiben.

Truthahnkeulen in Altbiersauce

Zubereitungszeit: 60 Min.
Gesamtgarzeit: etwa 1 3/4 Std.

Pro Portion:
E: 56 g, F: 10 g, Kh: 23 g, kJ: 1909, kcal: 457

- **2 Truthahn- oder Putenoberkeulen (mit Knochen, je 1,3 kg)**
- **Salz**
- **frisch gemahlener Pfeffer**
- **250 g Zwiebeln**
- **150 g Möhren**
- **150 g Knollensellerie**
- **2 EL Tomatenmark**
- **500 ml (1/2 l) Hühnerbrühe**
- **500 ml (1/2 l) Altbier**
- **200 g getrocknete Aprikosen**

1 Truthahn- oder Putenoberkeulen unter fließendem kalten Wasser abspülen, trockentupfen, mit Salz und Pfeffer einreiben und in eine Fettfangschale legen. Die Fettfangschale in den Backofen schieben (unteres Drittel).

Ober-/Unterhitze: etwa 200 °C (vorgeheizt)
Heißluft: etwa 180 °C (vorgeheizt)
Gas: Stufe 3–4 (vorgeheizt)
Garzeit: etwa 45 Min.

2 In der Zwischenzeit Zwiebeln abziehen. Möhren und Sellerie putzen, schälen und waschen. Die 3 Zutaten in Würfel schneiden. Die Gemüsewürfel mit dem Tomatenmark zu den Keulen geben und **etwa 10 Minuten mitbraten**.

3 Dann Hühnerbrühe angießen. **Die Backofentemperatur um 20 °C reduzieren (Gas um etwa 1 Stufe) und alles noch 50 Minuten garen**, dabei nach und nach die verdampfte Flüssigkeit durch Altbier auffüllen.

4 Die Truthahn- oder Putenkeulen aus der Fettfangschale nehmen und zugedeckt 10 Minuten ruhen lassen.

5 Den Bratenfond mit dem Gemüse in einen hohen Topf füllen und pürieren. Aprikosen in Streifen schneiden und kurz in der Sauce erhitzen. Die Sauce mit Salz und Pfeffer abschmecken.

6 Das Fleisch von den Knochen lösen, in Scheiben schneiden und mit der Sauce servieren.

■ **Beilage:**
Salzkartoffeln oder Spätzle.

Putenoberkeule

Zubereitungszeit: 95 Min.
Gesamtgarzeit: etwa 110 Min.

Pro Portion:
E: 52 g, F: 39 g, Kh: 10 g,
kJ: 2714, kcal: 649

- **2 Putenoberkeulen (mit Knochen, je etwa 1,3 kg)**
- **Salz**
- **frisch gemahlener Pfeffer**
- **400 g durchwachsener Speck**
- **750 ml (3/4 l) heiße Gemüsebrühe**
- **500 g kleine Zwiebeln**
- **350 g Möhren**
- **1 Petersilienwurzel**
- **350 g Knollensellerie**
- **2 Stangen Porree (Lauch)**
- **500 g Tomaten**
- **150 g saure Sahne**
- **2 EL Weizenmehl**
- **3 EL Wasser**
- **Rosmarinnadeln**

Außerdem:

- **evtl. Küchengarn**

Beilage:
750 g (ungekocht gewogen) in 60 g zerlassener Butter geschwenkte grüne Bandnudeln und Tomatensalat (Rezept Seite 6).

1 Putenoberkeulen unter fließendem kalten Wasser abspülen, trockentupfen und mit Salz und Pfeffer einreiben.

2 Speck in dünne Scheiben schneiden, die Keulen damit belegen und evtl. mit Küchengarn festbinden. Die Keulen in eine Fettfangschale legen. Die Fettfangschale in den Backofen schieben.

Ober-/Unterhitze:
200–220 °C (vorgeheizt)
Heißluft: 180–200 °C (vorgeheizt)
Gas: etwa Stufe 4 (vorgeheizt)
Garzeit: etwa 60 Min.

3 Sobald der Bratensatz bräunt, etwas Brühe hinzugießen. Die Keulen ab und zu mit dem Bratensatz begießen (bis zum Ende der Gesamtgarzeit die verdampfte Flüssigkeit nach und nach durch die restliche Brühe ergänzen).

4 In der Zwischenzeit Zwiebeln abziehen. Möhren, Petersilienwurzel und Sellerie putzen, schälen, waschen und grob würfeln. Porree putzen, die Stangen längs halbieren, gründlich waschen, abtropfen lassen und in Streifen schneiden. Tomaten waschen, abtrocknen und Stängelansätze herausschneiden.

5 Zwiebeln, Möhren-, Petersilienwurzel- und Selleriewürfel, Porreestreifen und Tomaten zu den Keulen geben, mit Salz und Pfeffer würzen und **alles noch weitere 50 Minuten garen**.

6 Die garen Putenoberkeulen und das Gemüse auf eine vorgewärmte Platte legen und das Fleisch etwa 10 Minuten zugedeckt ruhen lassen. Den Bratensatz in einen Topf geben und mit saurer Sahne verrühren. Mehl mit Wasser verrühren und den Bratensatz damit binden. Die Sauce mit Salz abschmecken.

7 Küchengarn und Speckscheiben entfernen und das Fleisch in Scheiben schneiden. Die Sauce mit Rosmarin bestreuen und zu Fleisch und Gemüse servieren.

Putenbrust mit Gemüsefüllung

Zubereitungszeit: 65 Min.
Garzeit: etwa 80 Min.

Pro Portion:
E: 46 g, F: 20 g, Kh: 8 g,
kJ: 1774, kcal: 424

- **200 g Möhren**
- **150 g Petersilienwurzel**
- **200 g Knollensellerie**
- **200 g Porree (Lauch)**

Für die Füllung:

- **3 Zwiebeln**
- **2 Knoblauchzehen**
- **100 g getrocknete Tomaten in Öl**
- **4 EL Semmelbrösel**
- **180 g weiche Butter**
- **Salz**
- **frisch gemahlener Pfeffer**

- **2 Stücke Putenbrust (je etwa 800 g)**
- **4 Lorbeerblätter**
- **4 EL Wasser**
- **250 ml (1/4 l) Gemüsebrühe**

Außerdem:

- **Holzstäbchen, Küchengarn**
- **2 Bratschläuche (mindestens 30 cm breit)**

1 Möhren, Petersilienwurzel und Sellerie putzen, schälen, waschen und in kleine Würfel schneiden. Porree putzen, die Stangen längs halbieren, gründlich waschen, abtropfen lassen und in feine Streifen schneiden.

2 Für die Füllung Zwiebeln abziehen und fein würfeln. Knoblauch abziehen und würfeln. Tomaten abtropfen lassen und klein schneiden. Zwiebeln, Knoblauch, Tomaten, Semmelbrösel und Butter in einen hohen Rührbecher geben, mit Handrührgerät mit Schneidstab zu einer Paste verarbeiten und mit Salz und Pfeffer würzen.

3 Putenbrust unter fließendem kalten Wasser abspülen und trockentupfen. In jedes Fleischstück waagerecht eine möglichst tiefe Tasche schneiden, dabei das Fleisch nicht durchschneiden.

4 Die Paste in die Öffnungen geben. Die Öffnungen mit Holzstäbchen zustecken (senkrecht zur Öffnung) und mit Küchengarn wie einen Schnürschuh verschließen. Putenbrust rundherum mit Salz und Pfeffer einreiben.

5 Die Bratschläuche auf ein Backblech legen, dabei darauf achten, dass die Schläuche an beiden Enden etwa 20 cm überstehen. Je ein Schlauchende verschließen. Das vorbereitete Gemüse, Lorbeerblätter und Wasser auf beide Schläuche verteilen. Jeweils ein Fleischstück auf das Gemüse legen, die Schläuche verschließen und evtl. nach Packungsanleitung mit einer Schere einschneiden. Das Backblech in den kalten Backofen schieben.

Ober-/Unterhitze:
etwa 180 °C (nicht vorgeheizt)
Heißluft: etwa 160 °C
(nicht vorgeheizt)
Gas: Stufe 2 (nicht vorgeheizt)
Garzeit: etwa 80 Min.

6 Die Bratschläuche öffnen, die Putenbrust herausnehmen und mit Alufolie zugedeckt etwa 10 Minuten ruhen lassen.

7 Das Gemüse mit der Garflüssigkeit in einen Topf geben, dabei Lorbeerblätter entfernen, mit Brühe auffüllen, aufkochen lassen und pürieren. Die Sauce mit Salz und Pfeffer abschmecken.

8 Putenbrust in Scheiben schneiden, dabei Küchengarn und Holzstäbchen entfernen. Das Fleisch mit der Sauce servieren.

Gefüllte Pute

Zubereitungszeit: 100 Min.
Gesamtgarzeit: 3–3¼ Std.

Pro Portion:
E: 77 g, F: 53 g, Kh: 28 g,
kJ: 4051, kcal: 968

- **6 Orangen (unbehandelt)**
- **2 Lorbeerblätter**
- **1 TL gemahlener Zimt**
- **2 EL grobkörniges Meersalz**
- **1 EL Speiseöl**
- **300 g Möhren**
- **250 g Knollensellerie**
- **2 Zwiebeln**
- **2 Knoblauchzehen**

Für die Füllung:

- **2 Stangen Poree (Lauch, 250 g)**
- **250 g Weißbrot (in Scheiben)**
- **100 g Butter**
- **3 Eier (Größe M)**
- **Salz**
- **Cayennepfeffer**

- **1 küchenfertige Pute (etwa 4½ kg)**
- **500 ml (½ l) Gemüsebrühe**
- **frisch gemahlener Pfeffer**

Außerdem:

- **Küchengarn**
- **Holzstäbchen**

1 Orangen heiß abspülen, trockentupfen und die Schale fein abreiben. Lorbeerblätter zerkrümeln und mit Zimt, Orangenschale, Salz und Öl zu einer Paste verarbeiten.

2 Möhren und Sellerie putzen, schälen, waschen und in Scheiben schneiden. Zwiebeln abziehen und in Würfel schneiden. Knoblauch abziehen und hacken.

3 Für die Füllung Porree putzen, die Stangen längs halbieren, gründlich waschen, abtropfen lassen und in feine Streifen schneiden.

4 Die abgeriebenen Orangen so schälen, dass die weiße Haut mit entfernt wird und die Filets herausschneiden, dabei den Saft auffangen und 200 ml für die Sauce abmessen (evtl. mit Wasser auffüllen). Weißbrot entrinden und in kleine Würfel schneiden.

5 80 g Butter zerlassen. Die Brotwürfel darin goldbraun rösten und abkühlen lassen. Restliche Butter zerlassen. Die Porreestreifen darin bei schwacher Hitze andünsten und ebenfalls abkühlen lassen.

6 Eier mit Salz und Cayennepfeffer verschlagen. Orangenfilets, Porree und Brotwürfel untermischen.

7 Pute von innen und außen unter fließendem kalten Wasser abspülen, trockentupfen und innen und außen mit der Orangenpaste einreiben. Die Halsöffnung mit Holzstäbchen zustecken. Die Pute füllen und mit Holzstäbchen und Küchengarn wie einen Schnürschuh schließen. Die Keulen an den Enden zusammenbinden.

8 Die Pute in eine Fettfangschale legen. Möhren, Sellerie, Zwiebeln und Knoblauch um die Pute legen und 250 ml (¼ l) von der Gemüsebrühe dazugießen. Die Fettfangschale in den Backofen schieben.

Ober-/Unterhitze:
etwa 180 °C (vorgeheizt)
Heißluft: etwa 160 °C (vorgeheizt)
Gas: Stufe 2 (vorgeheizt)
Garzeit: etwa 2½ Std.

9 Während der Gesamtgarzeit die restliche Brühe nach und nach hinzugießen.

(Fortsetzung Seite 76)

10 **Die Backofentemperatur um etwa 20 °C (Gas um etwa 1 Stufe) erhöhen und die Pute noch weitere 30–45 Minuten garen.**

11 Die gare Pute auf eine Platte legen und im ausgeschalteten Backofen warm halten.

12 Für die Sauce das Gemüse aus der Fettfangschale mit dem Sud und dem abgemessenen Orangensaft in einen Topf geben, aufkochen lassen und fein pürieren (nach Belieben durch ein Sieb streichen). Die Sauce mit Salz und Pfeffer abschmecken.

13 Die Pute tranchieren und mit Füllung und Sauce servieren.

■ **Beilage:**
Zucchinisalat (Rezept Seite 78).

Orientalische Hackfleischtorte

Zubereitungszeit: 50 Min.
Garzeit: etwa 75 Min.

Pro Portion:
E: 35 g, F: 50 g, Kh: 20 g,
kJ: 3129, kcal: 749

- **3 Knoblauchzehen**
- **1 Stange Porree (Lauch)**
- **80 g getrocknete Aprikosen**
- **60 g trocken eingelegte schwarze Oliven**
- **1,6 kg Lammgehacktes**
- **300 g gegarter Reis (entspricht gut 100 g ungegartem Reis)**
- **4 Eier (Größe M)**
- **40 g Pinienkerne**
- **60 g Rosinen**
- **2 Döschen Safran oder 2 TL Kurkuma (Gelbwurz)**
- **Salz**
- **frisch gemahlener Pfeffer**
- **Pul Biber (türkisches Gewürz)**

1 Knoblauch abziehen und fein würfeln. Porree putzen, die Stange längs halbieren, gründlich waschen, abtropfen lassen und in feine Streifen schneiden. Aprikosen ebenfalls in feine Streifen schneiden. Oliven entsteinen.

2 Gehacktes mit Reis, Knoblauchwürfeln, Porreestreifen, Eiern, Oliven, Pinienkernen, Rosinen und Aprikosenstreifen vermengen und mit Safran oder Kurkuma, Salz, Pfeffer und Pul Biber würzen.

3 Die Hackfleischmasse in eine Springform (Ø 28 cm, Boden gefettet) füllen und glatt streichen. Die Form auf ein Backblech stellen. Oder den Springformrand auf ein gefettetes Backblech stellen und die Hackfleischmasse einfüllen. Das Backblech in den Backofen schieben.

Ober-/Unterhitze:
etwa 180 °C (vorgeheizt)
Heißluft: etwa 160 °C (vorgeheizt)
Gas: Stufe 2–3 (vorgeheizt)
Garzeit: etwa 75 Min.

4 Die gare Hackfleischtorte aus dem Backofen nehmen und etwa 10 Minuten ruhen lassen. Sie dann aus der Form bzw. dem Springformrand lösen, auf eine Platte setzen und in Stücke schneiden.

■ **Beilage:**
Fladenbrot und Joghurtsauce oder Tsatsiki.

Lammkronen

Zubereitungszeit: 75 Min.
Garzeit: etwa 30 Min.

Pro Portion:
E: 28 g, F: 29 g, Kh: 29 g,
kJ: 2195, kcal: 524

- **4 Lammkronen mit Knochen (je etwa 500 g, beim Metzger vorbestellen)**
- **Salz**
- **frisch gemahlener Pfeffer**
- **1 1/2 kg gegarte kleine Pellkartoffeln**
- **4 Knoblauchzehen**
- **7 EL Olivenöl**
- **1 TL gemahlener Rosmarin**

Außerdem:

- **Küchengarn**
- **Alufolie**

1 Die Lammkronen unter fließendem kalten Wasser abspülen, trockentupfen und mit Salz und Pfeffer einreiben. Pellkartoffeln pellen. Knoblauch abziehen und durch die Knoblauchpresse drücken.

2 Drei Esslöffel Öl portionsweise in einer Pfanne erhitzen und die Lammkronen nacheinander darin von allen Seiten gut anbraten.

3 Jeweils 2 Lammkronen so zusammenlegen, dass die Knochen nach oben zeigen und mit Küchengarn zu einem Kreis zusammenbinden. Das Fleisch mit dem Knoblauchmus bestreichen und mit Rosmarin bestreuen. Die Mitte der beiden Kronen mit zusammengedrückter Alufolie ausfüllen, damit die runde Form erhalten bleibt. Die Kronen in eine Fettfangschale setzen. Die Kartoffeln um die Kronen herum legen, mit Salz und Pfeffer bestreuen und mit dem restlichen Öl beträufeln. Die Fettfangschale in den Backofen schieben.

Ober-/Unterhitze:
etwa 200 °C (vorgeheizt)
Heißluft: etwa 180 °C (vorgeheizt)
Gas: Stufe 3–4 (vorgeheizt)
Garzeit: etwa 30 Min.

4 Lammkronen und Kartoffeln aus der Fettfangschale nehmen. Die Lammkronen zugedeckt etwa 10 Minuten ruhen lassen, die Kartoffeln auf einer vorgewärmten Platte anrichten.

5 Die Alufolie aus der Kronenmitte und das Küchengarn entfernen, die Lammkronen in Portionsstücke schneiden und zu den Kartoffeln auf die Platte geben. Den Bratensatz evtl. mit Salz und Pfeffer abschmecken und dazu servieren.

Beilage:

Grüne Bohnen oder **Zucchinisalat**.

Dafür 1 1/2 kg Zucchini waschen, abtrocknen, die Enden abschneiden, Zucchini längs halbieren und in Scheiben schneiden. 300 g Möhren putzen, schälen, waschen und in Scheiben schneiden. 100 g Porree putzen, die Stange längs halbieren, gründlich waschen, abtropfen lassen und in Streifen schneiden. 3 Zwiebeln und 2 Knoblauchzehen abziehen. Zwiebeln halbieren und in Scheiben schneiden. Knoblauch ebenfalls in Scheiben schneiden. 5 Esslöffel Olivenöl in einem Topf erhitzen. Zwiebel-, Knoblauch- und Möhrenscheiben und Porreestreifen darin andünsten und dann bei schwacher Hitze etwa 8 Minuten zugedeckt dünsten. Zucchinischeiben und 1 Teelöffel abgeriebene Orangenschale (unbehandelt) hinzufügen, salzen und noch etwa 5 Minuten zugedeckt garen. 2 Esslöffel gehackten Koriander unterheben. 2–3 Esslöffel Zitronensaft mit etwas Cayennepfeffer verrühren und untermischen. Den Salat abschmecken und warm oder kalt mit Korianderblättern garniert servieren.

Lammrücken mit Kartoffelkruste

Zubereitungszeit: 85 Min.
Garzeit: etwa 45 Min.

Pro Portion:
E: 25 g, F: 19 g, Kh: 30 g, kJ: 1705, kcal: 409

- **200 g Knollensellerie**
- **1 Petersilienwurzel (150 g)**
- **350 g Möhren**
- **1 Stange Porree (Lauch, 150 g)**
- **2 Knoblauchzehen**
- **4 Thymianzweige**
- **100 g durchwachsener Speck**
- **400 ml kaltes Wasser**
- **1 Pck. Rohe Klöße (für 8 Stück, Fertigprodukt)**
- **3 EL gehackte Petersilie**
- **2 Eier (Größe M)**
- **Salz**
- **frisch gemahlener Pfeffer**
- **geriebene Muskatnuss**
- **400 g fest kochende Kartoffeln, z. B. Linda**
- **2 Lammrücken (ohne Knochen, je etwa 400 g)**
- **30 g zerlassene Butter**
- **500 ml (1/2 l) Gemüsebrühe**
- **150 g Schmand**
- **30 g Weizenmehl**

1 Sellerie, Petersilienwurzel und Möhren putzen, schälen, waschen und würfeln. Porree putzen, die Stange seitlich einschneiden, gründlich waschen, abtropfen lassen und in Streifen schneiden.

2 Knoblauch abziehen und in Scheiben schneiden. Thymian kalt abspülen und trockentupfen. Das vorbereitete Gemüse, Knoblauch und Thymianzweige in eine Fettfangschale legen.

3 Speck würfeln und in einer erhitzten Pfanne knusprig braten. Wasser in eine Schüssel geben und das Kloßpulver unter Rühren einstreuen. Speckwürfel, Petersilie und Eier sofort unter den Kloßteig rühren, mit Salz, Pfeffer und Muskatnuss würzen und die Masse etwa 10 Minuten quellen lassen.

4 Kartoffeln waschen, schälen, abspülen und in dünne Scheiben schneiden. Lammrücken unter fließendem kalten Wasser abspülen, trockentupfen, nebeneinander auf das Gemüse in die Fettfangschale legen und mit Salz und Pfeffer einreiben. Den Kloßteig auf beide Fleischstücke streichen.

5 Die Kartoffelscheiben schuppenartig in den Teig drücken. Butter auf die Kartoffelschuppen streichen und mit Salz bestreuen. Gemüsebrühe auf das Gemüse gießen. Die Fettfangschale in den Backofen schieben.

Ober-/Unterhitze: etwa 200 °C (vorgeheizt)
Heißluft: etwa 180 °C (vorgeheizt)
Gas: Stufe 3 (vorgeheizt)
Garzeit: etwa 45 Min.

6 Den Lammrücken zugedeckt auf einer Platte im ausgeschalteten Backofen warm halten. Die Garflüssigkeit durch ein Sieb in einen Topf geben und zum Kochen bringen. Das mitgegarte Gemüse zu dem Fleisch auf die Platte legen.

7 Schmand mit Mehl verrühren, unter Rühren in die Sauce geben, aufkochen und 5–10 Minuten schwach kochen lassen. Die Sauce mit Salz und Pfeffer abschmecken und zu Lammrücken und Gemüse servieren.

Beilage:
Weißkohlsalat (Rezept Seite 18) oder Riesenbohnensalat (Rezept Seite 86).

Lammkeule mit Minzsauce

Zubereitungszeit: 45 Min.
Garzeit: etwa 2 Std.

Pro Portion:
E: 38 g, F: 31 g, Kh: 2 g,
kJ: 2002, kcal: 478

- **500 ml (1/2 l) Wasser**
- **1 TL Salz**
- **1 EL Zucker**
- **4 Beutel Pfefferminztee**
- **250 ml (1/4 l) Kräuteressig**
- **1,8 kg Lammkeule (ohne Knochen, evtl. vom Metzger auslösen lassen)**
- **3 Knoblauchzehen**
- **Salz**
- **Chilipulver**
- **4 EL Olivenöl**
- **2 EL in Streifen geschnittene Minzeblätter**

Außerdem:

- **Küchengarn**

1 Wasser mit Salz und Zucker aufkochen, Pfefferminztee damit aufbrühen und etwa 5 Minuten ziehen lassen. Essig hinzugießen und etwas abkühlen lassen.

2 Lammkeule unter fließendem kalten Wasser abspülen und trockentupfen. Knoblauch abziehen, mit Salz zerdrücken, die Lammkeule innen damit einreiben und dann mit Küchengarn zusammenbinden. Das Fleisch außen mit Salz und Chilipulver einreiben.

3 Öl in einem Bräter erhitzen. Die Lammkeule darin rundherum anbraten. Etwas von der Tee-Essig-Mischung hinzufügen. Den Bräter ohne Deckel auf dem Rost in den Backofen schieben.

Ober-/Unterhitze:
etwa 180 °C (vorgeheizt)
Heißluft: etwa 160 °C (vorgeheizt)
Gas: Stufe 2–3 (vorgeheizt)
Garzeit: etwa 2 Std.

4 Während der Garzeit verdampfte Flüssigkeit nach und nach durch die Tee-Essig-Mischung ersetzen.

5 Die gare Lammkeule aus dem Bräter nehmen und etwa 10 Minuten zugedeckt ruhen lassen.

6 Den Bratensatz auf der Kochstelle etwas einkochen lassen und mit den Gewürzen abschmecken. Das Fleisch in Scheiben schneiden und auf einer vorgewärmten Platte anrichten. Die Minzestreifen vor dem Servieren unter die Sauce rühren und die Sauce zu dem Fleisch reichen.

Beilage:
Grüne Bohnen mit angedünsteten Zwiebelstreifen.

Tipp:
Die Sauce nach Belieben mit etwa 2 Teelöffeln mit kaltem Wasser angerührter Speisestärke binden.

Lammschultern

Zubereitungszeit: 35 Min.
Gesamtgarzeit: etwa 100 Min.

Pro Portion:
E: 67 g, F: 48 g, Kh: 5 g,
kJ: 3255, kcal: 778

- **2 große Lammschultern (je 2–2½ kg)**
- **250 g Zwiebeln**
- **4 Knoblauchzehen**
- **1 Bund Thymian**
- **1 Rosmarinzweig**
- **Salz**
- **frisch gemahlener Pfeffer**
- **300 g Tomaten**
- **1 l Fleischbrühe**
- **2 EL Speisestärke**
- **5 EL kaltes Wasser**

Beilage:

Zucchinigemüse. Dafür etwa 1 kg Zucchini waschen, abtropfen lassen, die Enden abschneiden und Zucchini in Scheiben schneiden. 6 Zwiebeln abziehen, in Scheiben schneiden und in Ringe teilen. 6 Esslöffel Olivenöl portionsweise in einem großen Topf erhitzen und Zwiebelringe und Zucchinischeiben portionsweise darin anbraten. Alles wieder in den Topf geben und erhitzen. Mit Salz, Pfeffer und Oregano würzen.

1 Lammschultern grob von Fett und Sehnen befreien, unter fließendem kalten Wasser abspülen und trockentupfen.

2 Zwiebeln und Knoblauch abziehen. Zwiebeln grob zerteilen, Knoblauch in Stifte schneiden. Thymian und Rosmarin kalt abspülen, trockentupfen, Blättchen und Nadeln von den Stängeln zupfen und fein hacken.

3 Die Knoblauchstifte unter das Fettgewebe der Lammschultern stecken (evtl. mit Hilfe eines kleinen, spitzen Messers Taschen für den Knoblauch in das Fleisch stechen). Das Fleisch kräftig mit Salz und Pfeffer einreiben, mit Thymian und Rosmarin bestreuen und in eine Fettfangschale legen. Die Fettfangschale in den Backofen schieben. Die Lammschultern während der Garzeit 2–3-mal wenden.

Ober-/Unterhitze:
etwa 200 °C (vorgeheizt)
Heißluft: etwa 180 °C (vorgeheizt)
Gas: Stufe 3–4 (vorgeheizt)
Garzeit: etwa 45 Min.

4 In der Zwischenzeit Tomaten waschen, trockentupfen, vierteln, die Stängelansätze herausschneiden und Tomaten grob würfeln.

5 Zwiebelstücke in die Fettfangschale geben und **etwa 10 Minuten mit anrösten**. Dann Tomatenwürfel zugeben und **alles weitere 45 Minuten garen**, dabei nach und nach die Fleischbrühe angießen.

6 Das Fleisch aus dem Backofen nehmen und warm stellen. Den Bratenfond mit dem Gemüse durch ein Sieb in einen Topf geben und zum Kochen bringen.

7 Speisestärke mit Wasser anrühren, in den Bratenfond einrühren und aufkochen lassen. Die Sauce mit Salz und Pfeffer abschmecken und zu dem Fleisch servieren.

Tipp:

Falls Sie nur kleinere Lammschultern bekommen, evtl. 3 Stück nehmen. Nach Belieben zusätzlich etwa 20 Kartoffeln waschen, schälen, abspülen, je nach Größe längs halbieren oder vierteln, etwa 60 Minuten vor Beendigung der Garzeit in die Fettfangschale geben und mitgaren.

Kaltes Lammfleisch mit grüner Sauce

Zubereitungszeit: 50 Min., ohne Abkühlzeit
Garzeit: etwa 20 Min.

Pro Portion:
E: 23 g, F: 41 g, Kh: 2 g, kJ: 2076, kcal: 496

- **1,2 kg Lammfleisch ohne Knochen (aus dem Rücken)**
- **Salz**
- **frisch gemahlener Pfeffer**
- **3–4 EL Olivenöl**

Für die grüne Sauce:

- **je 1 kleines Bund Majoran, Petersilie, Basilikum und Thymian**
- **1 Rosmarinzweig**
- **4 Knoblauchzehen**
- **4 EL Balsamico-Essig**
- **125 ml (1/8 l) Olivenöl**

1 Lammfleisch unter fließendem kalten Wasser abspülen, trockentupfen und mit Salz und Pfeffer bestreuen. Öl in einem Bräter erhitzen. Das Fleisch darin rundherum gut anbraten. Den Bräter ohne Deckel auf dem Rost in den Backofen schieben.

Ober-/Unterhitze:
etwa 180 °C (vorgeheizt)
Heißluft: etwa 160 °C (vorgeheizt)
Gas: Stufe 2–3 (vorgeheizt)
Garzeit: etwa 20 Min.

2 Das gare Fleisch aus dem Bräter nehmen und erkalten lassen.

3 Für die grüne Sauce sämtliche Kräuter abspülen, trockentupfen, die Blättchen bzw. Nadeln von den Stängeln zupfen und sehr fein hacken. Knoblauch abziehen, durch die Knoblauchpresse drücken und mit Essig, Salz und Pfeffer verrühren. Öl unterschlagen und Kräuter untermischen.

4 Das kalte Lammfleisch in dünne Scheiben schneiden und mit Pfeffer bestreuen. Die Sauce darüber träufeln oder getrennt dazu reichen.

Vorbereitungstipp:
Sie können das Fleisch gut bereits am Vortag zubereiten.

Beilage:
Blechkartoffeln (2 mittelgroße Kartoffelhälften pro Person) oder Baguette und **Riesenbohnensalat**.
Dafür 3 Dosen weiße Riesenbohnen (Abtropfgewicht je 250 g) und 1 Glas Selleriesalat (Abtropfgewicht 190 g) in ein Sieb geben, abspülen und abtropfen lassen. 2 Gläser Cornichons (Abtropfgewicht je 190 g) abtropfen lassen, dabei die Flüssigkeit auffangen und 4 Esslöffel für die Sauce abmessen. Cornichons in Scheiben schneiden. 500 g Cocktailtomaten waschen, abtrocknen und je nach Größe halbieren oder vierteln. Die vorbereiteten Zutaten mit 2 Packungen (je 25 g) TK-Salatkräutern in einer Schüssel mischen. Für die Sauce 3–4 Esslöffel Balsamico-Essig mit der abgemessenen Cornichonflüssigkeit, Salz und Pfeffer verrühren. 100 ml Olivenöl unterschlagen. Die Sauce mit den Salatzutaten vermischen und den Salat mindestens 60 Minuten durchziehen lassen. Den Salat vor dem Servieren nochmals mit Salz und Pfeffer abschmecken.

Kaninchen mit Backobst

Zubereitungszeit: 45 Min., ohne Einweichzeit
Gesamtgarzeit: etwa 60 Min.

Pro Portion:
E: 48 g, F: 26 g, Kh: 12 g, kJ: 2306, kcal: 549

- **500 g gemischtes Backobst**
- **500 ml (1/2 l) Rotwein**
- **2,2 kg Kaninchenfleisch, z. B. Rücken, Keulen**
- **Salz**
- **frisch gemahlener Pfeffer**
- **2 TL gerebelter Thymian**
- **6 mittelgroße Zwiebeln**
- **3 EL Butterschmalz**
- **2 Lorbeerblätter**
- **125 ml (1/8 l) Wasser**
- **1 Becher (150 g) Crème fraîche**

1 Backobst in Rotwein mindestens 12 Stunden einweichen.

2 Kaninchenfleisch evtl. in Stücke teilen, Fett entfernen, Rücken enthäuten, unter fließendem kalten Wasser abspülen, trockentupfen und mit Salz, Pfeffer und Thymian einreiben. Zwiebeln abziehen und vierteln.

3 Butterschmalz in einem Bräter erhitzen. Die Fleischstücke darin portionsweise von allen Seiten gut anbraten. Die Zwiebelviertel zu dem Fleisch geben und kurz mitbraten lassen. Dann Lorbeerblätter und etwas von dem Wasser hinzufügen. Den Bräter ohne Deckel auf dem Rost in den Backofen schieben.

Ober-/Unterhitze: etwa 180 °C (vorgeheizt)
Heißluft: etwa 160 °C (vorgeheizt)
Gas: Stufe 2–3 (vorgeheizt)
Garzeit: etwa 30 Min.

4 Nach und nach das restliche Wasser hinzufügen.

5 Das Backobst mit der Einweichflüssigkeit hinzufügen und **alles noch weitere 30 Minuten garen**.

6 Das gare Fleisch aus dem Bräter nehmen und auf eine vorgewärmte Platte legen.

7 Crème fraîche unter die Garflüssigkeit rühren, erhitzen und mit Salz und Pfeffer abschmecken. Die Sauce über das Fleisch gießen.

Beilage:

2 kg Salzkartoffeln und 1,2 kg gegarter Brokkoli oder **Bohnensalat**.
Dafür 2 kg TK-Brechbohnen in kochendes Salzwasser geben, zum Kochen bringen und 10–15 Minuten kochen. Die Bohnen dann in ein Sieb geben, kalt abschrecken und gut abtropfen lassen. 4 Stangen Staudensellerie putzen, die harten Außenfäden abziehen, waschen und die Stangen fein würfeln (das Grün zum Garnieren beiseite legen). 1 Glas schwarze Olivenringe (Abtropfgewicht 170 g) abtropfen lassen. 2 Bund Petersilie und 2 Töpfe Basilikum abspülen, trockentupfen, die Blättchen von den Stängeln zupfen und hacken. Für die Sauce 6 Esslöffel Balsamico-Essig mit 2 Esslöffeln mittelscharfem Senf, 2 Teelöffeln Honig, Salz und Pfeffer verrühren. 200 ml Olivenöl unterschlagen. Bohnen, Sellerie, Olivenringe und Kräuter in der Sauce mischen und mindestens 60 Minuten durchziehen lassen. Selleriegrün grob hacken und über den Salat streuen.

Tipp:

Nach Belieben die Sauce mit etwas mit kaltem Wasser angerührtem Mehl binden.

Hirschbraten in Wacholdersauce

Zubereitungszeit: 65 Min.
Gesamtgarzeit: etwa 90 Min.

Pro Portion:
E: 58 g, F: 31 g, Kh: 8 g, kJ: 2501, kcal: 597

- **1 Bund Beifuß**
- **1 Bund Salbei**
- **2 Stücke Hirschschulter (ohne Knochen, je etwa 1,2 kg)**
- **Salz**
- **frisch gemahlener Pfeffer**
- **½ TL geriebene Muskatnuss**
- **2 TL Paprikapulver edelsüß**
- **4 Zwiebeln**
- **8 EL Speiseöl**
- **250 ml (¼ l) trockener Rotwein**
- **6 TL Wacholderbeeren**
- **4 Gewürznelken**
- **2–3 EL Honig**
- **evtl. etwas Wasser**
- **1 großer Becher (250 g) Crème fraîche**

Außerdem:
- **Küchengarn**

1 Beifuß und Salbei abspülen, trockentupfen und die Blättchen von den Stängeln zupfen.

2 Hirschschultern unter fließendem kalten Wasser abspülen, trockentupfen, flach drücken, mit Salz und Pfeffer bestreuen und die Kräuter darauf verteilen. Die beiden Fleischstücke aufrollen, mit Küchengarn fest umwickeln und mit Salz, Pfeffer, Muskatnuss und Paprikapulver einreiben.

3 Zwiebeln abziehen und achteln. Öl einem Bräter erhitzen. Die Fleischstücke darin rundherum anbraten (evtl. nacheinander). Die Zwiebelachtel hinzufügen und kurz mitbraten. Dann mit Rotwein ablöschen.

4 Wacholderbeeren zerdrücken und mit den Gewürznelken zum Braten geben. Den Bräter ohne Deckel auf dem Rost in den Backofen schieben.

Ober-/Unterhitze: 180–200 °C (vorgeheizt)
Heißluft: 160–180 °C (vorgeheizt)
Gas: etwa Stufe 3 (vorgeheizt)
Garzeit: etwa 60 Min.

5 Den Honig auf dem Fleisch verteilen, evtl. noch etwas Wasser zu dem Fleisch gießen und **alles noch weitere 30 Minuten garen**.

6 Das Fleisch aus dem Bräter nehmen und etwa 10 Minuten zugedeckt ruhen lassen.

7 Die Sauce nach Belieben durch ein Sieb gießen, Crème fraîche hinzufügen, umrühren, erhitzen, nicht mehr kochen lassen und mit den Gewürzen abschmecken.

8 Das Fleisch in dünne Scheiben schneiden und mit der Sauce servieren.

Beilage:
Grüne Bandnudeln oder Spätzle und Fenchelgemüse.

Wildschweinkeule

12 Portionen
Zubereitungszeit: 110 Min.
Gesamtgarzeit: etwa 2½ Std.

Pro Portion:
E: 21 g, F: 22 g, Kh: 85 g,
kJ: 2787, kcal: 665

- **1 Wildschweinkeule mit Küchengarn zusammengebunden (ohne Knochen, etwa 3 kg)**
- **4 EL Olivenöl**
- **Salz**
- **frisch gemahlener Pfeffer**
- **180 g Zwiebeln**
- **150 g getrocknete Tomaten in Öl**
- **500 ml (½ l) Fleischbrühe**
- **1 Bund Staudensellerie**
- **1½ kg braune Champignons**
- **150 g Katenschinkenwürfel**
- **250 g Crème fraîche oder Schmand**

1 Wildschweinkeule unter fließendem kalten Wasser abspülen, trockentupfen und von Fett und Sehnen befreien. Die Keule in eine Fettfangschale legen, mit Öl beträufeln und mit Salz und Pfeffer kräftig würzen. Die Fettfangschale in den Backofen schieben (unterste Schiene).

Ober-/Unterhitze:
etwa 200 °C (vorgeheizt)
Heißluft: etwa 180 °C (vorgeheizt)
Gas: Stufe 3–4 (vorgeheizt)
Garzeit: etwa 45 Min.

2 In der Zwischenzeit Zwiebeln abziehen und in grobe Würfel schneiden. Tomaten abtropfen lassen und in feine Streifen schneiden.

3 Die Zwiebelwürfel hinzufügen und **etwa 15 Minuten mitbraten lassen**.

4 Dann die Tomatenstreifen ebenfalls zum Fleisch geben und alles mit Fleischbrühe ablöschen. **Die Backofentemperatur um etwa 20 °C (Gas um etwa 1 Stufe) reduzieren und Wildschweinkeule und Gemüse weitere 60 Minuten garen.**

5 In der Zwischenzeit Staudensellerie putzen, die harten Außenfäden abziehen, waschen und die Stangen in etwa 1 cm große Stücke schneiden. Champignons putzen, mit Küchenpapier abreiben, evtl. abspülen und halbieren.

6 Staudenselleriestücke, Champignonhälften und Katenschinkenwürfel mit in die Fettfangschale geben und **alles noch weitere 30 Minuten garen**.

7 Das gare Fleisch aus der Fettfangschale nehmen und etwa 10 Minuten zugedeckt ruhen lassen. Crème fraîche oder Schmand unter die Gemüse-Schinken-Mischung rühren und alles nochmals kurz im Backofen erhitzen.

8 Das Fleisch in Scheiben schneiden und evtl. ausgetretenen Fleischsaft mit dem Gemüse verrühren. Das Gemüse zu dem Fleisch servieren.

Beilage:
Spätzle oder Kartoffelgratin.

Alphabetisches Register

Themenregister

Schweinebraten

Rinderbraten

Geflügelbraten

Lammbraten

Kaninchenbraten

Wildbraten

Hackbraten

Beilagen

In dieser Reihe sind bisher außerdem erschienen: *Partysalate, Partysnacks, Partysuppen, Schnelle Partyrezepte, Partydrinks, Partygrillen, Partyaufläufe* und *Partydips*. Sie erhalten diese Bücher im Buchhandel.

Umwelthinweis Dieses Buch und der Einband wurden auf chlorfrei gebleichtem Papier gedruckt. Die Einschrumpffolie – zum Schutz vor Verschmutzung – ist aus umweltfreundlichem und recyclingfähigem PE-Material.

Wenn Sie Rezeptanregungen, Vorschläge oder Fragen zu unseren Büchern haben, rufen Sie uns unter folgender Nummer an 0521 1552580 oder 0521 520645 oder schreiben Sie uns:
Dr. Oetker Verlag KG, Am Bach 11, 33602 Bielefeld

Redaktion Eva-Maria Dammeier

Titelfoto Thomas Diercks, Hamburg

Innenfotos Hans-Joachim Schmidt, Hamburg
Thomas Diercks, Hamburg
Brigitte Wegner, Bielefeld
Norbert Toelle, Bielefeld
Bernd Lippert, Bielefeld

Rezeptentwicklung und -beratung Anke Rabeler, Hamburg
Hans Peter Huke, Bielefeld
Mechthild Plogmaker, Bielefeld

Grafisches Konzept Björn Carstensen, Hamburg
Gestaltung M•D•H Haselhorst, Bielefeld
Einbandgestaltung KonturDesign, Bielefeld

Reproduktionen Kruse Reproduktionen GmbH, Vreden
Satz JUNFERMANN Druck & Service, Paderborn
Druck und Bindung APPL Druck GmbH & Co. KG, Wemding

Die Autoren haben dieses Buch nach bestem Wissen und Gewissen erarbeitet. Alle Rezepte, Tipps und Ratschläge sind mit Sorgfalt ausgewählt und geprüft. Eine Haftung des Verlages und seiner Beauftragten für alle erdenklichen Schäden an Personen, Sach- und Vermögensgegenständen ist ausgeschlossen.

ISBN 3–7670–0619–7